# Comprendre les ulcères et les problèmes d'estomac

Professeur C.J. Hawkey
et Dr. N.J.D. Wight

MODUS VIVENDI

**IMPORTANT**

Ce livre ne vise pas à remplacer les conseils médicaux
personnalisés, mais plutôt à les compléter et à aider
les patients à mieux comprendre leur problème.

Avant d'entreprendre toute forme de traitement,
vous devriez toujours consulter votre médecin.

Il est également important de souligner que la médecine
évolue rapidement et que certains des renseignements
sur les médicaments et les traitements contenus dans
ce livre pourraient rapidement devenir dépassés.

© Family Doctor Publications 2000-2007
Paru sous le titre original de : *Understanding Indigestion & Ulcers*

LES PUBLICATIONS MODUS VIVENDI INC.
55, rue Jean-Talon Ouest, 2ᵉ étage
Montréal (Québec) Canada  H2R 2W8

Directeur général : Marc Alain
Design de la couverture : Catherine Houle
Infographie : Transmédia
Traduit de l'anglais par : Marie-Josée Levadoux

ISBN-13 978-2-89523-452-4

Dépôt légal - Bibliothèque et Archives nationales du Québec, 2007
Dépôt légal - Bibliothèque et archives Canada, 2007

Nous reconnaissons l'aide financière du gouvernement du Canada
par l'entremise du Programme d'aide au développement
de l'industrie de l'édition (PADIÉ) pour nos activités d'édition.

Gouvernement du Québec — Programme de crédit d'impôt
pour l'édition de livres — Gestion SODEC

# Table des matières

# Les auteurs

**Professeur C.J. Hawkey** est professeur de gastro-entérologie à l'université de Nottingham et président fondateur du Nottingham Gut Group. Il a fait ses études à Oxford et sa formation au Middlesex Hospital. Il a travaillé dans de nombreux hôpitaux en Angleterre dans le traitement et la recherche de ce secteur thérapeutique.

**Dr N.J.D. Wight**
Le Dr Wight est un archiviste spécialisé en gastro-entérologie au Queen's Medical Centre, à Nottingham. Ses recherches sont axées sur les interactions entre l'*Helicobacter pylori* et les médicaments anti-inflammatoires non stéroïdiens dans la création des ulcères peptiques.

# Introduction

Tout le monde a eu une indigestion à un moment ou à un autre, et pour la plupart des gens, c'est un désagrément mineur. Cela arrive souvent quand vous avez trop mangé ou trop bu, ou quand vous avez mangé quelque chose qui ne vous convenait pas, et elle ne dure pas. Dans ces cas-là, vous pouvez attendre que les symptômes passent ou demander un médicament au pharmacien, sans consulter de médecin. Cependant, chez certaines personnes, les symptômes peuvent être persistants et douloureux au point d'interférer avec la vie de tous les jours. Ils peuvent provenir d'un problème digestif non diagnostiqué et qui a besoin d'être identifié correctement et, au besoin, soigné médicalement. Ce livre vous aidera à distinguer entre les symptômes mineurs que vous pouvez traiter vous-même avec les conseils d'un pharmacien et ceux qui doivent être explorés plus soigneusement.

Le mot « indigestion » a différents sens selon les personnes. Il est le plus souvent utilisé pour décrire un inconfort dans la région médiane de l'abdomen, lié d'une certaine manière à manger ou avaler. Les autres symptômes courants sont :

- une douleur dans la poitrine ou dans l'abdomen;
- une sensation de brûlure dans la poitrine (aigreur d'estomac) souvent liée à l'arrivée de nourriture ou de liquide dans la gorge ou l'arrière-bouche (connu médicalement comme reflux gastro-œsophagien);
- un renvois ou rot dans la bouche.

Si vous avez ces symptômes seulement de temps en temps, demandez à votre pharmacien un traitement sans ordonnance à utiliser lors de vos indigestions occasionnelles. Vous pouvez également lire la section de ce livre sur les changements d'hygiène de vie (voir p. 17) et faire les changements nécessaires pour diminuer vos chances d'autres attaques. Ces mesures simples résoudront le problème la plupart du temps, mais si, au bout de deux semaines, cela n'a toujours pas marché ou si vous commencez à avoir des symptômes pour la première fois de votre vie et que vous avez plus de 40 ans, vous devriez aller voir votre généraliste. Des symptômes sévères et persistants peuvent provenir d'un problème plus sérieux – tels qu'un ulcère peptique, par exemple – et plus le diagnostic est précoce, mieux ça vaut. Beaucoup de remèdes contre l'indigestion sont disponibles seulement sur prescription; ils sont présentés en détail aux pages 46 à 48.

Il est inutile d'endurer des symptômes désagréables plus longtemps que nécessaire, donc si c'est vos propres soins qui ne marchent pas, n'hésitez pas à consulter votre médecin. Voyez-le tout de suite si, outre une indigestion, vous avez perdu votre appétit et perdez du poids, si vous vous sentez constamment malade (même sans vomissements) ou si vous avez l'un des symptômes indiqués aux pages 12 et 13, car vous avez peut-être besoin d'un traitement urgent.

## POINTS CLÉS

- L'indigestion est extrêmement courante, et affecte tout le monde à un moment ou à un autre.

- Les symptômes sont habituellement mineurs et peuvent facilement être soignés chez soi.

- Certains symptômes sont plus importants et requièrent un examen médical.

- Ce petit livre vous aidera à vous soigner vous-même et à décider si vous devez aller voir un médecin.

# Digestion normale

Les gens ont souvent une idée vague de la taille, de la forme, de la position et du fonctionnement de l'estomac et des organes digestifs. Cette section offre un bref aperçu du processus normal de digestion et du rôle des parties principales du système digestif.

Pour extraire les nutriments de la nourriture que nous ingérons, nous devons la digérer. D'abord, l'aliment doit être mis sous une forme liquide ou semi-liquide, puis les substances complexes comme les lipides et les protéines, doivent être scindées en unités chimiques plus petites susceptibles d'être absorbées par les parois intestinales et passer dans le sang. Le processus de la digestion commence dans la bouche, où les dents coupent les aliments et la langue les mélangent à la salive. En plus de faciliter le mouvement des aliments dans la bouche pendant la mastication, la salive contient un enzyme appelé amylase qui commence à digérer les hydrates de carbone tels que les sucres et les féculents. Il est légèrement acide et quand vous ne mangez pas, il maintient la propreté de votre bouche et de vos dents, et empêche le tartre de se développer. Les gens qui ont un problème de salive ont souvent la bouche sèche, des difficultés à avaler et une importante plaque dentaire.

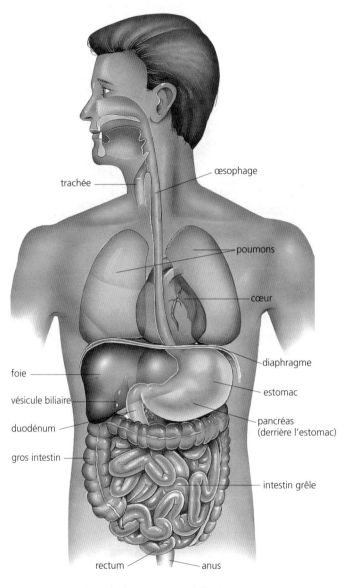

trachée

œsophage

poumons

cœur

diaphragme

foie

estomac

vésicule biliaire

duodénum

pancréas
(derrière l'estomac)

gros intestin

intestin grêle

rectum

anus

Les principaux organes abdominaux

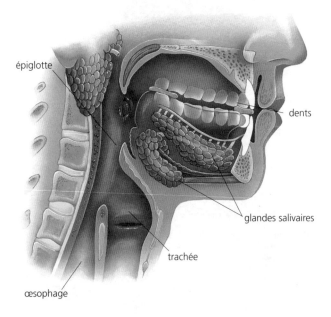

épiglotte

dents

glandes salivaires

trachée

œsophage

La bouche

Une fois les aliments mastiqués, la langue les pousse au fond de la gorge où des muscles l'envoient dans l'œsophage (ou gosier). Ils passent dans l'estomac par une valve musculaire à sens unique, le sphincter inférieur de l'œsophage, qui empêche les aliments ingérés de refluer lors des contractions de l'estomac ou quand vous êtes allongé.

L'estomac a trois fonctions principales; elles sont détaillées dans l'encadré de la page 8. Finalement, la nourriture semi-liquide est poussée à travers une autre valve, le pylore, dans le duodénum, les premiers centimètres de l'intestin grêle, où d'autres sécrétions chimiques s'ajoutent pour neutraliser l'acide gastrique et aider le suc pancréatique à digérer les hydrates de carbone, les lipides et les protéines, et où la bile émulsionne les graisses. Les aliments digérés passent ensuite dans les 6 derniers mètres (20 pieds) de l'intestin grêle, ainsi nommé parce que, bien que long, il est plus petit en diamètre que le gros intestin. Le suc intestinal achève alors la digestion, puis les nutriments vont dans le sang et les graisses dans la lymphe.

La tâche principale du gros intestin est de réabsorber l'eau utilisée dans la digestion et d'éliminer la nourriture non digérée et les fibres.

## Qu'est-ce qui peut mal fonctionner ?

Tout le monde a eu une indigestion, même très brièvement. On peut se sentir ballonné ou gonflé après un gros repas, et éprouver du soulagement quand on rote. La plupart des rots viennent du fait d'avoir avalé de l'air en mangeant, mais certains sont produits par une réaction chimique dans l'estomac ou par les boissons gazeuses. La solution est de manger moins, de manger lentement et de boire moins de boissons gazeuses. Vous vous êtes sans doute rendu compte que certains aliments – les oignons frits, par exemple – vous donnent une sensation d'inconfort dans l'épigastre qui dure environ une heure. Là encore, la solution est évidente : n'en mangez plus.

Une indigestion persistante est habituellement liée à l'acide produit par l'estomac. Si la valve au bas de l'œsophage est usée ou inefficace, les sucs acides peuvent remonter dans l'œsophage et causer une sensation de brûlure (aigreurs). C'est souvent gênant la nuit, en position allongée. La condition s'appelle reflux gastro-œsophagien; elle est décrite en détail aux pages 39 à 43.

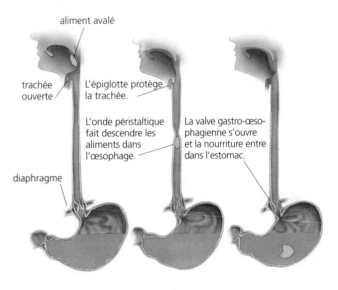

aliment avalé

trachée
ouverte

L'épiglotte protège
la trachée.

L'onde péristaltique
fait descendre les
aliments dans
l'œsophage.

La valve gastro-œso-
phagienne s'ouvre
et la nourriture entre
dans l'estomac.

diaphragme

Déglutition des aliments

L'acide gastrique peut créer des problèmes s'il attaque la muqueuse stomacale, tel que l'ulcère peptique (décrit aux p. 53 et 54). Notre compréhension de l'ulcère peptique a énormément changé au cours des années passées grâce à la découverte d'un agent infectieux appelé *Helicobacter pylori* (voir détails aux p. 53 à 62).

La troisième cause courante d'indigestion, appelée dyspepsie non ulcéreuse, est assez mystérieuse. C'est le diagnostic donné aux gens qui ont des symptômes d'in-digestion persistants, mais dont les examens pour reflux gastro-œsophagien et ulcères gastriques sont normaux. La dyspepsie est en fait une autre manière de nommer l'indigestion. Certaines personnes qui en souffrent, finissent par découvrir qu'elles ont autre chose dans une autre partie du système digestif, tels que des calculs biliaires ou le syndrome du côlon irritable. Chez d'autres, la douleur vient en fait des côtes flottantes et des muscles de la paroi abdominale. La plupart des gens souffrant d'une dyspepsie non ulcéreuse ont l'estomac sensible, ce qui entraîne des symptômes lors de stress émotionnels. La condition est décrite en détail dans aux pages 76 à 80.

L'indigestion peut aussi être le premier symptôme d'une condition plus grave comme un cancer de l'estomac, mais c'est très rare. Le cancer de l'estomac est moins courant que dans le passé et il se produit moins fréquemment que l'ulcère peptique ou le reflux gastro-œsophagien. Il est décrit en détail aux pages 81 à 84.

## Fonction de l'estomac

1. Il agit comme réservoir pour que nous puissions avaler la nourriture nécessaire pour plusieurs heures en l'espace de quelques minutes.

2. Il joue un grand rôle dans les processus physiques et chimiques de la digestion. Dans l'estomac, la nourriture est brassée et écrasée, bien que vous le remarquiez seulement quand l'activité est excessive parce que votre estomac ne contient pas le même nombre de nerfs sensoriels que les autres parties du corps, comme la peau. Les glandes de la paroi stomacale produisent un acide puissant et des enzymes qui participent à la transformation des constituants alimentaires en composés chimiques plus simples. La paroi de l'estomac est protégée de l'acidité grâce à sa couche de mucus, mais si cette couche est réduite ou lésée, des ulcères peuvent se former. N'ayant pas ce mucus protecteur, l'œsophage est plus facilement lésé par l'acide.

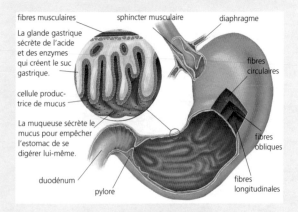

fibres musculaires    sphincter musculaire    diaphragme

La glande gastrique sécrète de l'acide et des enzymes qui créent le suc gastrique.

cellule productrice de mucus

La muqueuse sécrète le mucus pour empêcher l'estomac de se digérer lui-même.

duodénum

pylore

fibres circulaires

fibres obliques

fibres longitudinales

## Fonction de l'estomac (suite)

3. La nourriture peut rester dans l'estomac pendant plusieurs heures pendant que l'acide détruit les bactéries et les micro-organismes qui ont pu la contaminer. Très peu de choses passent dans le sang par les parois de l'estomac, à part quelques substances comme l'alcool et l'aspirine.

## POINTS CLÉS

- Lors d'une digestion normale, les aliments sont décomposés pour pouvoir être absorbés dans le corps.

- L'estomac produit de l'acide et de la pepsine pour aider ce processus.

- Une indigestion se produit lorsque la muqueuse gastrique est affaiblie ou si la production d'acide est altérée.

# Devez-vous consulter votre médecin ?

Environ trois personnes sur quatre qui ont une indigestion, ne consultent pas de médecin; ils se soignent en changeant leur hygiène de vie et achètent chez le pharmacien des remèdes en vente libre, tels qu'antiacides ou médicaments bloquant l'acide.

L'un des objectifs de ce livre est de vous aider à décider si vous devez consulter un médecin, et quand. Vous devez prendre rendez-vous si l'une des trois descriptions suivantes s'applique à vous.

1. Vous avez des symptômes que les médecins appellent « morbides », c'est-à-dire qui peuvent être causés par une maladie grave comme le cancer de l'estomac. Un diagnostic et un traitement précoce sont vos meilleures chances de guérison. Consultez votre généraliste d'urgence si vous avez les symptômes suivants :

   - perte de poids;
   - perte d'appétit;
   - difficulté à avaler;

- vomissement de sang ou d'éléments qui ressemblent à du marc de café;

- passage de sang altéré dans les selles (les selles « goudronneuses »);

- vous avez une indigestion et vous prenez des anti-inflammatoires non stéroïdiens.

2. Bien que l'indigestion sans ces symptômes morbides puisse être traitée efficacement chez soi, d'abord par un changement d'hygiène de vie et des remèdes en vente libre comme des antiacides, vous ne devriez pas persister s'il n'y a pas d'amélioration. Consultez un médecin si les symptômes sont toujours là au bout de deux semaines.

3. Consultez un médecin si vous développez une indigestion pour la première fois de votre vie après l'âge de 40 ans ou si vous avez une sorte d'indigestion que vous n'avez jamais eue avant.

## POINTS CLÉS

Consultez votre médecin si :

- vous avez perdu du poids;

- vous avez perdu l'appétit;

- vous avez des difficultés à avaler;

- vous vomissez du sang ou des éléments qui ressemblent à du marc de café;

- vous avez passé du sang altéré dans vos selles;

- vous avez une indigestion alors que vous prenez des anti-inflammatoires;

- vous avez plus de 40 ans et avez une indigestion pour la première fois;

- votre indigestion ne passe pas avec des mesures simples;

- vous prenez des anti-inflammatoires non stéroïdiens.

# Traiter votre indigestion vous-même

Les symptômes de l'indigestion sont si courants que nous avons tendance à estimer que c'est quelque chose de mineur à traiter soi-même avec des médicaments sans ordonnance. La gamme des remèdes proposés est gigantesque et ils se vendent en grandes quantités. Cela dit, n'oubliez pas qu'un symptôme indique que quelque chose ne va pas, et si vos crises sont importantes, il vaut mieux essayer de traiter la cause plutôt que les symptômes. Si des soins simples ne résolvent pas le problème, allez voir votre généraliste.

Mais avant cela, il vaut la peine d'essayer de changer votre hygiène de vie de manière à être plus gentil avec votre estomac (reportez-vous à l'encadré à la p. 17). Il est important d'améliorer votre santé en général.

L'aspirine et les anti-inflammatoires non stéroïdiens contre l'arthrite ou d'autres douleurs peuvent causer ou faire empirer une indigestion. Ces médicaments réduisent l'inflammation en diminuant la production de substances appelées prostaglandines. Bien qu'elles provoquent une inflammation des articulations, ces substances aident aussi l'estomac à se protéger contre les acides. C'est pourquoi l'indigestion et les ulcères sont des effets secondaires courants à ce type de médication. (Pour plus de détails, voir p. 63.)

Prendre du paracétamol, qui n'irrite pas l'estomac, au lieu de l'aspirine peut soulager votre indigestion, mais n'arrêtez pas les anti-inflammatoires prescrits par votre médecin sans d'abord en parler avec lui.

## Demandez l'avis du pharmacien

Les changements d'hygiène de vie ne sont pas toujours suffisants pour se débarrasser d'une indigestion, mais si vous n'avez pas de symptômes inquiétants (voir p. 12), vous pouvez vous soigner vous-même pendant deux semaines. Le choix du médicament à prendre n'est pas toujours facile, et le pharmacien saura vous conseiller. Il pourra vous recommander le remède adéquat à vos symptômes particuliers et saura aussi s'il peut être pris en même temps qu'un autre traitement. Demandez son prix avant de vous décider – certains médicaments très publicisés sont plus chers que d'autres identiques vendus sous la marque d'une pharmacie.

Pour permettre au pharmacien de vous aider, vous devrez lui expliquer vos symptômes et lui dire quand ils ont commencé. La liste dans l'encadré ci-contre peut vous être utile avant d'y aller.

### Médicaments en vente libre

Il existe plusieurs sorte de médicaments contre l'indigestion que vous pouvez acheter sans ordonnance.

- **Les antiacides :** ce sont de simples alcalins qui neutralisent l'acidité de l'estomac pendant un certain temps. L'hydroxyde d'aluminium, le trisilicate de

## Changements d'hygiène de vie

- Si vous fumez, vous devriez arrêter.
- Essayez de perdre du poids et de faire plus d'exercice – au lieu de prendre le bus ou la voiture, marchez ou faites du vélo.
- Ne buvez pas trop d'alcool. Les hommes ne doivent pas boire plus de 24 unités d'alcool par semaine (une unité égale une demi-pinte de bière, un verre de vin ou une mesure de spiritueux). Les femmes ne devraient pas prendre plus de 14 unités d'alcool par semaine.
- Mangez sain. Réduisez les aliments gras, y compris aliments frits, beurre, fromage, croustilles et viande rouge. Mangez plutôt des fruits, du poulet ou du poisson grillé et remplacez les frites par les pommes de terre à la vapeur.
- Augmentez la quantité de fibres dans votre alimentation. Les fruits, les légumes, les céréales à haute teneur en fibres ainsi que le pain complet sont riches en fibres.
- Évitez les épices, le sel et le vinaigre, ainsi que certaines salades (oignons et tomates), car elles font empirer les aigreurs.
- Diminuez votre ingestion de caféine. Essayez les décaféinés, et si vous buvez des boissons gazeuses, essayez aussi les décaféinées.
- Ne faites pas de gros repas juste avant d'aller vous coucher. Accordez quelques heures à la digestion avant de vous allonger.
- Les estomacs aiment la routine et fonctionnent mieux quand vous faites trois ou quatre repas aux même heures chaque jour.
- L'anxiété et le stress affectent la manière dont les muscles abdominaux travaillent, alors essayez de vous détendre un peu dans la journée.

## Quelle sorte de douleur ou d'inconfort ressentez-vous ?

- Quand est-ce que cela arrive ?
- Qu'est-ce qui l'empire ?
- Qu'est-ce qui améliore la situation ?
- Avez-vous perdu du poids récemment ?
- Avez-vous d'autres symptômes en dehors de l'indigestion ?
- Qu'avez-vous essayé récemment ?
- Êtes-vous ou pourriez-vous être enceinte ?

magnésium et le bicarbonate de sodium en sont des exemples. Habituellement, ils n'ont aucun effet négatif, bien que certaines personnes ressentent parfois un dérangement intestinal. Les antiacides contenant de l'aluminium peuvent induire une constipation et ceux qui contiennent du magnésium, la diarrhée. Si vous avez d'autres problèmes médicaux ou si vous prenez des médicaments prescrits, informez-en votre pharmacien ou consultez votre médecin avant de prendre l'un de ces produits. Cela est particulièrement important pour quiconque a une maladie cardiaque, un problème rénal ou de l'hypertension, car de nombreux antiacides contiennent du sel (sous forme de bicarbonate de sodium) et cela peut aggraver la condition. Certains antiacides (surtout le bicarbonate de sodium) produisent des gaz qui entraînent des renvois. Le dimethicone est un produit chimique qui est souvent ajouté aux antiacides pour réduire la flatulence.

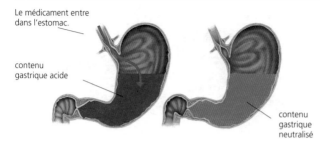

Le médicament entre dans l'estomac.

contenu gastrique acide

contenu gastrique neutralisé

Les antiacides sont de simples alcalins qui réduisent l'acidité gastrique.

- **Les médicaments qui protègent la muqueuse gastrique et œsophagienne :** ces médicaments forment une pellicule protectrice autour de l'estomac et de l'œsophage, les protégeant ainsi des lésions de l'acide. Ils sont habituellement composés de plusieurs ingrédients et contiennent souvent un antiacide, mais l'ingrédient principal est l'alginate (extrait d'algue). Il flotte sur le contenu de l'estomac et si un reflux gastro-œsophagien se produit, l'alginate adoucit la muqueuse œsophagienne. L'Algicon, le Gastrocote et le Gaviscon en sont des exemples. Comme tous ces médicaments contiennent des antiacides (certains du sel) vous devriez consulter votre pharmacien ou votre médecin avant de les utiliser si vous avez une autre pathologie ou prenez d'autres médicaments.

- **Les antispasmodiques :** ces médicaments agissent en réduisant la tension musculaire dans l'estomac. Le citrate d'alvérine et l'huile de menthe poivrée sont des antispasmodiques. La gomme à mâcher à la

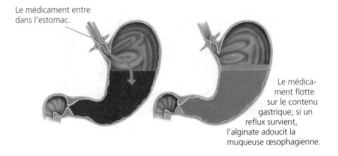

Le médicament entre dans l'estomac.

Le médicament flotte sur le contenu gastrique; si un reflux survient, l'alginate adoucit la muqueuse œsophagienne.

Certains médicaments protègent les muqueuses gastrique et œsophagienne.

menthe a un effet similaire. Ces médicaments sont plus efficaces si vous souffrez d'un « estomac nerveux » ou de renvois coincés. Ce sont des produits naturels et ils n'ont donc aucun effet secondaire important.

- **Les médicaments qui inhibent la sécrétion d'acide gastrique :** ces médicaments agissent en réduisant la production d'acide dans l'estomac. Ils sont très puissants et nécessitent habituellement une ordonnance. Ils seront décrits plus en détail plus loin dans ce livre. Certains antiacides, appelés anti-H2 (antagoniste aux récepteurs de type H2), sont en vente libre (cimétidine, famotidine et ranitidine). Les doses que vous pouvez acheter sont inférieures à celles qui sont normalement prescrites par un médecin, et elles se vendent seulement pour un traitement de 15 jours. Si vos symptômes persistent après cela, consultez un médecin. Les anti-H2 sont utilisés depuis de nombreuses années et plusieurs millions de patients en ont pris sans avoir d'effets secondaires, à savoir somnolence, migraine, éruption

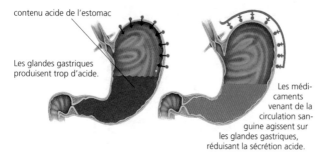

contenu acide de l'estomac

Les glandes gastriques
produisent trop d'acide.

Les médi-
caments
venant de la
circulation san-
guine agissent sur
les glandes gastriques,
réduisant la sécrétion acide.

D'autres médicaments agissent en réduisant la
quantité d'acide produite par l'estomac.

cutanée et confusion (surtout chez la personne
âgée). Plus important encore, le cimétidine peut
affecter la manière dont d'autres médicaments sont
assimilés par le foie (surtout la warfarine utilisée pour
clarifier le sang, la phénytoïne utilisée dans le traitement de l'épilepsie et l'aminophylline utilisée dans le
traitement de l'asthme chronique). Ne prenez pas de
cimétidine si vous prenez l'un de ces médicaments.

Le choix des médicaments sans ordonnance est vaste
et il n'y a aucune preuve que l'un soit meilleur que l'autre.
Le meilleur est sans doute celui que vous trouvez le plus
goûteux et le plus efficace. Ils ont tous un goût différent et il vous faudra les tester. Le meilleur moment
pour prendre un antiacide est avant le moment où les
symptômes arrivent habituellement – juste après un
repas et avant de vous mettre au lit – mais ici encore, il
vous faudra faire des essais. De nombreux autres médicaments puissants sont vendus sur ordonnance; nous
en parlerons plus loin.

## Médicaments contre l'indigestion en vente libre

| Classification | Action | Ingrédient actif | Exemples |
| --- | --- | --- | --- |
| Antiacides | Neutralisent l'acidité gastrique | Trisilicate de magnésium, hydroxyde d'aluminium, bicarbonate de sodium | Comprimés d'Aludrox, Rap-eze, Rennie; comprimés Setlers, comprimés de menthe effervescents |
| Médicaments qui protègent la muqueuse gastrique et œsophagienne | Recouvrent l'estomac et l'œsophage et empêchent les lésions acides | Alginate | Algicon, Gastrocote, Gaviscon (ils contiennent aussi un antiacide) |
| Antispasmodiques | Réduisent la tension dans les muscles de l'estomac; réduisent le ballonnement | Alverine, huile de menthe poivrée | Spasmonal, Colpermin, Mintec, gomme à mâcher à la menthe |
| Anti-H2 | Réduisent la production de l'acide gastrique | Cimétidine, Famotidine, Ranitidine | Tagamet, Pepcid, Boots Excess Acid control, Zantac |

## POINTS CLÉS

- Les gens qui fument ont plus d'indigestions que ceux qui ne fument pas.

- Beaucoup d'indigestions viennent du fait de manger de « mauvais » aliments, tels que des aliments gras.

- L'amélioration de votre hygiène de vie guérit souvent complètement le phénomène d'indigestion.

- De nombreux médicaments contre l'indigestion sont en vente libre en pharmacie.

- Un pharmacien pourra vous conseiller quant au médicament adéquat.

# Ce que votre médecin fera

Si votre indigestion ne passe pas au bout de deux semaines d'autotraitement, consultez votre médecin sans plus attendre. Il commencera par vous interroger sur les symptômes ressentis, leur durée, ce qui les induit, ce qui les soulage, etc. Il s'ensuivra généralement un examen physique pour localiser les endroits sensibles de votre abdomen et vérifier votre état général.

Soit votre médecin sera en mesure de remédier au problème, soit il vous enverra faire des examens plus approfondis. La plupart des gens qui souffrent d'indigestion n'ont généralement pas besoin d'autres examens. Votre médecin fera ensuite un diagnostic précis de vos symptômes, et vous donnera des conseils ou un traitement. Si les symptômes suggèrent un reflux gastro-œsophagien, ses conseils concerneront votre hygiène de vie. Il y a cependant trois cas dans lesquels il peut requérir des examens plus poussés.

## Suspicion d'un ulcère peptique

Votre médecin n'est pas toujours en mesure de faire un diagnostic basé sur vos symptômes. Certaines personnes qui manifestent des symptômes « typiques » s'avèrent en fait avoir une dyspepsie non ulcéreuse, et le traitement de ces deux conditions est tout à fait différent. C'est pourquoi si votre médecin soupçonne un ulcère peptique, il demandera d'autres examens. Le plus courant est l'endoscopie (voir p. 27 à 30), mais il peut simplement vouloir un test de dépistage de l'infection à *Helicobacter pylori* (voir p. 34 à 36).

## Échec à répondre au traitement

Si vous êtes l'une de ces rares personnes dont les symptômes persistent en dépit du traitement, votre médecin vous enverra faire une endoscopie pour s'assurer que vous n'avez pas une autre condition à traiter différemment.

## Symptômes morbides

Le terme est utilisé pour décrire des symptômes qui indiquent presque toujours une maladie sous-jacente grave qui demande des examens plus poussés. Les plus importants sont la perte d'appétit et de poids, et les difficultés à avaler. Ils nécessitent toujours un avis médical urgent. D'autres examens sont habituellement nécessaires si les symptômes sont récents et si vous avez plus de 40 ans, à moins que l'explication soit évidente et directe. Le cancer de l'estomac est très rare chez les personnes de moins de 40 ans, mais il est une possibilité pour les personnes de cet âge qui ont une indigestion pour la première fois. Un diagnostic précoce est vital pour l'efficacité du traitement.

## Analyses et examens

La manière dont les hôpitaux organisent les tests demandés par votre généraliste varie : soit vous verrez un médecin de l'hôpital, soit vous ferez juste les analyses, et leurs résultats seront envoyés directement à votre médecin qui décidera du traitement à employer. Les analyses les plus courantes sont :

- les tests sanguins classiques : ils ont pour but de vérifier la présence d'anomalies comme l'anémie. Votre médecin peut profiter de l'occasion pour explorer d'autres maladies non liées à l'estomac;

- l'endoscopie (voir ci-contre);

- la radiographie au baryum (voir p. 31 à 34);

- le test de dépistage de l'*Helicobacter pylori* (*H. pylori*) (voir p. 34 à 36). Ce type d'examen est différent des deux autres en ce qu'il ne recherche pas une anormalité dans l'œsophage ou l'estomac, mais il recherche la cause du problème.

## Endoscopie

Un endoscope est une caméra qui permet à un médecin de regarder à l'intérieur du corps. Il existe des endoscopes pour examiner les articulations, les poumons et la trachée, l'intestin grêle et la vessie, ainsi que l'œsophage, l'estomac et le duodénum. Cette section est consacrée aux endoscopes utilisés pour regarder dans l'œsophage, l'estomac et le duodénum. Les premiers endoscopes utilisaient des lentilles et des miroirs, mais il y a 30 ans, ils ont été remplacés par des instruments à fibre optique qui offrent à l'opérateur une vision claire et directe de l'intérieur de l'estomac. Les endoscopes modernes sont des instruments technologiques très évolués (et donc extraordinairement chers) qui consistent en un tube flexible dont l'extrémité peut être contrôlée par l'opérateur. Les anciens endoscopes ont des fibres optiques sur toute leur longueur, mais les plus récents ont une mini-caméra et sont connectés à un écran vidéo. L'instrument est équipé d'autres canaux pour prélever du suc gastrique, envoyer de l'air pour gonfler l'estomac et glisser des pinces afin de réaliser des prélèvements.

L'endoscopie (souvent appelée gastroscopie ou analyse au télescope) est la manière la plus précise et la plus utilisée pour examiner les différentes causes de l'indigestion. C'est le meilleur moyen de détecter les ulcères peptiques et les cancers de l'estomac, et il est aussi très utile pour diagnostiquer une infection à *H. pylori*. En plus de donner à l'opérateur une vision claire de toutes les anomalies, il lui permet de faire des prélèvements (biopsies) et de traiter d'autres complications, comme un rétrécissement de l'œsophage.

## Passer une endoscopie

Selon vos symptômes, votre généraliste vous enverra à l'hôpital pour un examen complet ou juste une endoscopie – un système appelé *fast track* ou endoscopie à « accès ouvert ».

La procédure est généralement effectuée par une unité spécialisée de l'hôpital et prend seulement quelques minutes. Ceci dit, les services d'endoscopie sont très affairés, et les procédures d'avant et après l'examen peuvent prendre une heure chacune. Prévoyez la matinée ou l'après-midi entier, selon le moment de votre rendez-vous. Votre estomac doit être vide pour l'examen, donc si c'est le matin, vous devez être à jeun depuis la veille, et si c'est l'après-midi, à jeun depuis un léger petit déjeuner.

Une fois dans le service, vous serez dirigé dans une salle d'attente avec d'autres patients, puis dans une salle où vous serez renseigné par un médecin ou un infirmier. Le but étant de vous expliquer l'examen, de répondre à vos questions et de s'assurer que votre état de santé général est suffisamment bon, bien qu'il soit rare que quelqu'un soit considéré trop malade pour entreprendre la procédure. Vous devrez également signer un formulaire d'accord. Votre tour venu, vous serez dirigé vers la salle d'endoscopie.

Les innombrables rangées d'instruments et de machines que vous y verrez sont assez intimidantes, mais chaque instrument a son utilité particulière. Les éléments les plus importants sont l'endoscope et le matériel opératoire, un écran vidéo et une machine pour mesurer votre pouls et les niveaux d'oxygène grâce à un clip à votre doigt. Ce clip intelligent fonctionne en envoyant de la lumière à travers la peau. Les changements dans la quantité de lumière absorbée indiquent à

écran vidéo

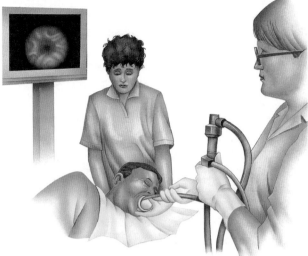

Une endoscopie

quel point votre sang est « rouge » et donc quelle quantité d'oxygène il transporte.

Pour s'occuper de vous, l'endoscopiste aura l'aide d'un assistant et un d'infirmier. On vous demandera de vous allonger confortablement sur votre côté gauche. Vous recevrez un sédatif par injection ou vaporisateur buccal selon votre préférence (voir p. 32). L'infirmier installera ensuite le clip de contrôle sur votre doigt et vous donnera de l'oxygène (habituellement par le nez, par un tube terminé par une éponge) avant de placer un petit protège-dents dans votre bouche. Il protège vos dents de l'endoscope et réciproquement. Cela fait, l'endoscopiste placera l'extrémité de l'endoscope sur votre langue et dans votre gorge et vous demandera d'avaler, ce qui ouvrira l'œsophage permettant à l'instrument de descendre dans l'estomac. L'infirmier aspirera la salive de votre bouche avec un aspirateur à salive (du genre de celui qui est utilisé par un dentiste), pour réduire le risque d'inhaler du liquide. Vous pourrez avaler malgré le tube, mais comme l'œsophage est maintenu ouvert, la salive peut s'accumuler dans votre bouche et du liquide pourrait refluer de votre estomac. Une fois l'endoscope en place, l'examen prend seulement quelques minutes. De l'air est envoyé dans l'estomac pour qu'une bonne vision soit possible. Selon ce qu'il découvre, l'endoscopiste peut effectuer des prélèvements de tissus, ce qui est indolore.

Lorsque l'examen est terminé, l'endoscope est retiré et vous êtes transporté en salle de « récupération ». Durant l'examen, les seuls inconforts seront une pression dans la gorge, parfois une gêne dans l'estomac et des renvois en raison de l'air qui y est introduit. Au moment où l'endoscope est passé dans la gorge, vous pouvez avoir un ou deux haut-le-cœur, mais c'est une réaction normale et habituellement passagère. Une fois que vous avez récupéré après l'examen, vous pouvez rentrer chez vous.

## L'endoscopie est-elle sûre ?

Les services d'endoscopie sont des endroits très affairés et chaque personne de l'équipe est très expérimentée. L'endoscopie est une procédure absolument sans danger et, à ce jour, il n'y a jamais eu de complications à la suite d'un examen diagnostique. Parfois cependant, bien que très rarement, l'œsophage peut se déchirer au passage de l'endoscope, mais cela arrive seulement chez les patients qui souffrent d'une anomalie non diagnostiquée dans la partie haute de l'œsophage. Quoi qu'il en soit, le risque est inférieur à 1 sur 10 000 procédures.

D'autres complications mineures sont liées à l'injection intraveineuse : si le liquide est inhalé, il peut induire une infection des poumons, mais c'est très rare et n'arriverait que chez des patients fragiles et âgés.

## Radiographie au baryum

La radiographie au baryum est bien moins utilisée qu'avant, parce que dans la plupart des cas une endoscopie fournira l'information recherchée. Cependant, tous les généralistes n'ont pas accès à un service hospitalier qui offre un service d'endoscopie, et ils peuvent envoyer leurs patients faire une radiographie au baryum. C'est parfois la meilleure option pour les personnes dont le problème

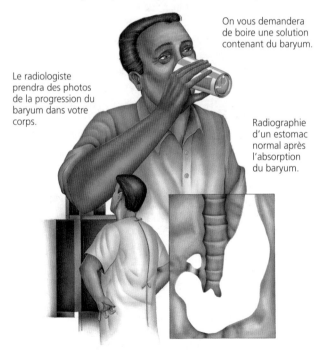

On vous demandera de boire une solution contenant du baryum.

Le radiologiste prendra des photos de la progression du baryum dans votre corps.

Radiographie d'un estomac normal après l'absorption du baryum.

Examen radiographique au baryum

## Sédation ou vaporisateur buccal ?

L'option choisie dépend de votre approche de l'examen. Certaines personnes ne se sentent pas capables de le subir sans sédatif, alors que d'autres préfèrent être bien réveillés et rester en contrôle. Les deux méthodes ont leurs avantages et leurs inconvénients, et le choix final est laissé au patient, même si les différents services ont leur propre manière d'opérer.

- Vaporisateur buccal : c'est l'option la plus simple. Avant d'insérer l'endoscope, le praticien ou son assistant projette un anesthésique local au fond de votre gorge pour l'insensibiliser. Vous vous installez ensuite confortablement sur le côté et restez éveillé pendant tout l'examen. L'avantage principal du vaporisateur buccal est que vous gardez le contrôle pendant la procédure. Et comme vous n'êtes pas endormi, vous pouvez discuter des résultats tout de suite et êtes capable de rentrer chez vous en conduisant ou même de retourner travailler. L'inconvénient est que le vaporisateur buccal n'a pas d'effet sédatif, et une personne très anxieuse sera incapable d'avaler l'endoscope et de compléter le test. Le vaporisateur buccal affecte la déglutition pendant 30 minutes et il est conseillé de ne pas manger ou boire jusqu'à ce que vos sensations soient redevenues normales pour éviter que les aliments ne soient avalés de travers.

- Sédation intraveineuse : cette méthode prend un peu plus de temps et demande à l'endoscopiste de planter temporairement une seringue dans votre main ou dans votre bras avant d'injecter le sédatif. Cela ne vous rend pas inconscient (sauf s'il s'agit d'une anesthésie générale) mais vous procure un sentiment de détente et de confort. Vous pouvez

## Sédation ou vaporisateur buccal ? (suite)

entendre ce qui est dit et avaler lorsqu'on vous le demande. L'avantage principal de l'intraveineuse est qu'elle rend l'examen plus facile à supporter si vous êtes anxieux, et il se peut que vous ne vous en rappeliez plus après. L'inconvénient principal est que vous être désorienté et que les effets du sédatif prennent plusieurs heures pour disparaître complètement. Cela signifie que vous aurez besoin de quelqu'un pour vous reconduire chez vous et que vous ne pourrez pas retourner travailler le même jour. En fait, c'est toujours une bonne idée de venir avec quelqu'un lorsque vous passez une endoscopie, même si vous prévoyez d'avoir un vaporisateur buccal plutôt qu'un sédatif, pour le cas où vous changeriez d'avis.

Un autre inconvénient du sédatif est que vous n'aurez pas forcément les résultats du test le jour même à cause des effets sur votre mémoire. L'endoscopie n'interfère pas avec la respiration, mais le sédatif peut la ralentir et elle n'est donc pas recommandée chez une personne qui a un problème cardiaque ou respiratoire. Certains services donnent également un vaporisateur buccal aux patients sous sédatif.

réside dans l'œsophage, car l'examen en montre la structure, ainsi que tout spasme musculaire.

Le type d'examen aux rayons X utilisé pour voir les os cassés donnent des images médiocres des organes internes. Par contre, si on avale du sulfate de baryum avant de passer la radiographie, cela va dessiner la forme de l'œsophage et de l'estomac. Le baryum est un métal lourd qui ne laisse pas passer les rayons X et apparaît comme une ombre opaque sur les films et les écrans. Le sulfate de baryum n'a pas de goût et ne cause aucun inconfort lorsque vous l'avalez.

La radiographie au baryum est généralement effectuée dans l'unité de soins d'un jour et sans anesthésie. Le radiologiste utilise un écran fluorescent pour regarder la progression du baryum après son ingestion, et il prend des radiographies de temps en temps.

L'examen dure généralement de 20 à 30 minutes. Le baryum s'élimine ensuite dans les selles. Il entraîne parfois un peu de constipation, et il est recommandé de manger des aliments riches en fibres pendant un ou deux jours après l'examen.

## Recherche d'*Helicobacter pylori*

Si votre médecin soupçonne un ulcère peptique, vous devrez subir des examens pour savoir si votre estomac est infecté par *Helicobacter pylori*. Cette bactérie joue un rôle important dans la genèse des ulcères (voir p. 53 à 62). Il existe trois modes de recherche de *H. pylori* : par l'examen d'un fragment de muqueuse gastrique (une biopsie), par une analyse de sang et par un test respiratoire.

### Test tissulaire

Ils requièrent le prélèvement d'un fragment de muqueuse gastrique, ou biopsie, prélevé lors d'une endoscopie. La biopsie est placée dans une solution spéciale (liquide ou en gel) qui change de couleur en présence de *H. pylori*; c'est un test de l'uréase. Les organismes *H. pylori* sécrètent une protéine chimique, l'uréase, qui transforme l'urée (substance présente dans le sang et dans l'urine,

produite par la décomposition des protéines) en ammoniaque. La solution diagnostique contient de l'urée et
un indicateur alcalin. Si les *H. pylori* sont présents dans
la biopsie placée dans la solution, l'urée est convertie en
ammoniaque et l'indicateur alcalin change de couleur,
indiquant un test positif. Selon la solution utilisée, les
résultats prennent entre quelques minutes à 24 heures
pour être disponibles.

En plus du test de l'uréase, le fragment biopsique
peut être envoyé dans le service de pathologie pour être
examiné au microscope, grâce auquel on peut voir non
seulement les bactéries *H. pylori* microscopiques, mais
aussi l'inflammation gastrique microscopique associée
appelée gastrite.

Le principal avantage de ces tests est qu'ils sont les
plus précis du marché et qu'ils confirment la présence ou
l'absence de *H. pylori* sur-le-champ. De plus, au moment
de l'endoscopie, le médecin peut voir s'il y a un ulcère
peptique et diagnostiquer une infection à *H. pylori*.

Le désavantage du test tissulaire est qu'il requiert une
endoscopie, mais la recherche de *H. pylori* est rarement la
seule raison d'un tel examen, il est donc judicieux d'en
profiter pour faire la biopsie. Avec les autres types de
tests, les résultats peuvent être interprétés incorrecte-
ment si vous prenez un inhibiteur de la pompe à protons
(oméprazole, lansoprazole ou pantoprazole, voir p. 46),
car il inhibe la bactérie sans la tuer.

## Test respiratoire

À l'instar du test tissulaire, le test respiratoire utilise le
fait que les *H. pylori* sécrètent l'uréase qui transforme
l'urée en ammoniaque, produisant ainsi du gaz carbonique. Ce test requiert que vous soyez à jeun depuis
12 heures; on vous donnera une boisson à base d'urée

dans laquelle une quantité parfaitement sûre de radiation a été ajoutée. Trente minutes plus tard, un échantillon de respiration est récolté. Si *H. pylori* est présent dans votre estomac, l'urée est convertie en ammoniaque et en gaz carbonique, lequel est absorbé et excrété dans votre respiration, avec une lègre radio-activité. Ceci est mesuré avec une machine spéciale au laboratoire de l'hôpital.

L'avantage du test respiratoire est qu'il est simple et très rapide. À l'instar d'une biopsie d'uréase, il est très précis et confirme l'infection à *H. pylori* au moment du test. Ce test est utilisé systématiquement pour s'assurer du succès du traitement. Son désavantage, comme pour les autres tests, est que le résultat sera imprécis si vous prenez un inhibiteur de la pompe à protons (voir p. 46). Le résultat n'est pas toujours disponible avant plusieurs jours en raison des équipements de mesure utilisés.

## Analyse de sang à la recherche des anticorps

L'infection à *H. pylori* déclenche la production d'anticorps spécifiques dans votre sang. On peut les rechercher lors d'une analyse de sang simple, et leur présence confirmera une infection. Une fois produits, les anticorps peuvent rester dans le corps pendant des années même après la disparition de l'infection. De ce fait, l'analyse de sang est utile pour diagnostiquer une infection seulement chez une personne qui n'a jamais eu de *H. pylori*, et elle peut être utilisée seulement une fois. Le véritable atout de l'analyse est qu'elle est très rapide et se fait généralement dans tous les services de chirurgie générale. À la différence des autres analyses pour *H. pylori*, l'analyse de sang n'est pas influencée par les médicaments que vous prenez.

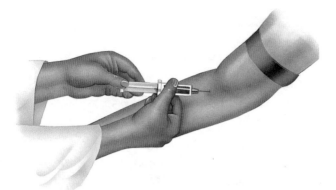

Prélèvement d'un échantillon de sang

## Test des selles

Ce nouveau test implique le prélèvement de fragments de selles qui sont analysés pour détecter la présence de *H. pylori* plus haut dans l'estomac.

## Test et traitement

L'approche « test et traitement » est devenue populaire auprès des jeunes patients. Les médecins feront souvent un test pour dépister le *H. pylori* et prescriront la trithérapie aux antibiotiques décrite précédemment. Si l'indigestion disparaît, aucune autre action n'est entreprise. Si elle persiste, les patients subiront d'autres tests du genre endoscopie.

## POINTS CLÉS

- Votre médecin vous demandera de décrire vos symptômes et vous examinera.

- La cause d'une indigestion est souvent simple et votre médecin peut offrir un traitement immédiat.

- Si votre médecin soupçonne un ulcère peptique ou une condition plus grave, il demandera des examens spéciaux.

- Le test le plus courant est de regarder dans l'estomac avec un télescope – c'est une endoscopie.

- Les autres examens parfois utilisés sont l'analyse de sang et la radiographie au baryum.

# Aigreurs

Le reflux gastro-œsophagien, aussi appelé aigreurs, se caractérise surtout par des sensations de brûlure dans la poitrine et par des sécrétions acides qui remontent jusque dans la bouche. Ce mécanisme de reflux peut se produire occasionnellement chez la plupart des gens, et c'est la cause la plus courante de l'indigestion. Les symptômes sont relativement insignifiants, mais ils durent souvent longtemps et peuvent être assez gênants. Le plus courant est la sensation de brûlure qui va et qui vient, et qui peut être produite par certains aliments, par le fait de se baisser ou d'être en position allongée. De temps à autre le reflux gastro-œsophagien entraîne le renvoi des aliments et la nausée. Des modifications dans les habitudes alimentaires sont parfois tout ce qu'il faut pour atténuer les symptômes. Des antiacides sont en vente libre en pharmacie (voir p. 16) et, pour les cas plus graves, des traitements efficaces sont offerts sur ordonnance.

Il est important de remarquer d'emblée que, dans la vaste majorité des cas le reflux gastro-œsophagien n'est pas grave et ne signifie pas que vous avez ou allez avoir une autre maladie telle qu'un cancer. Cependant, il est important de distinguer l'aigreur d'une autre cause courante de douleur de poitrine, surtout chez les hommes de plus de 50 ans, nommée angine. La douleur de l'angine

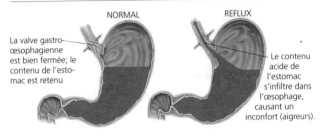

NORMAL

REFLUX

La valve gastro-
œsophagienne
est bien fermée; le
contenu de l'esto-
mac est retenu

Le contenu
acide de
l'estomac
s'infiltre dans
l'œsophage,
causant un
inconfort (aigreurs).

Le reflux gastro-œsophagien (aigreurs) survient lorsque le contenu de
l'estomac s'infiltre dans l'œsophage.

est généralement due à un effort tel qu'une marche
rapide en montant, et est vite soulagée par du repos,
à la différence du reflux. Il n'est donc pas difficile de
les distinguer. Si vous avez une douleur que vous
pensez être une angine de poitrine, consultez votre
médecin sans délai.

## Qu'est-ce qui cause le reflux gastro-œsophagien ?

Comme expliqué précédemment (voir p. 4) les glandes
gastriques sécrètent un cocktail d'acide chlorhydrique et
de pepsine (enzyme) pour aider à la décomposition ini-
tiale et à la digestion subséquente des aliments. Ce cocktail est la première étape de la destruction des bactéries
présentes dans les aliments. L'estomac se protège des
effets du mélange acide/pepsine par un mucus spécial.
Quand la mixture quitte l'estomac pour aller vers l'intestin
(la première partie est appelée le duodénum), l'acide est
neutralisé par le suc alcalin du pancréas.

   L'œsophage (tuyau des aliments) est très sensible à
l'acide, mais dans des circonstances normales ce n'est
pas important, car il est séparé de l'estomac par une
valve (la valve gastro-œsophagienne) qui s'ouvre au
passage des aliments dans l'estomac et se ferme après,

## Liste d'actions

Bien que les aigreurs ne soient pas vraiment graves, un inconfort à la poitrine peut être le symptôme d'une angine. Consultez votre médecin sans délai si :

- vous développez une douleur au milieu de la poitrine ou au-dessus de l'abdomen pour la première fois de votre vie;

- la douleur est différente et plus violente que d'habitude;

- la douleur apparaît après un effort et s'en va avec un peu de repos;

- la douleur irradie dans les bras et le cou;

- vous expérimentez d'autres symptômes en plus de la douleur, dont suées, nausées, essoufflement, faiblesse, évanouissement ou palpitations;

- les renvois peuvent être causés par l'angine aussi bien que par les aigreurs, ils ne sont donc pas des indices pour un diagnostic correct.

empêchant le reflux. Parfois, cependant, la valve n'est pas bien fermée et laisse l'acide et la pepsine remonter, causant les symptômes décrits précédemment.

La valve gastro-œsophagienne a deux composants : le sphincter inférieur de l'œsophage (muscle fibreux circulaire qui ferme le passage) et la fente du diaphragme par laquelle passe l'œsophage (le hiatus du diaphragme). Individuellement, ces deux composants sont faibles, mais quand ils travaillent ensemble, ils fournissent un joint serré. La fonction de ce joint est très complexe, et en temps normal, il est contrôlé par divers réflexes.

## Problèmes de valve gastro-œsophagienne

Il y a deux raisons principales pour lesquelles se développent des problèmes de valve gastro-œsophagienne. Soit le sphincter inférieur de votre œsophage est trop lâche, soit la partie haute de l'estomac a glissé hors du diaphragme – hernie hiatale.

- **Problèmes de sphincter :** chez certaines personnes, rien n'explique pourquoi ce muscle ne se détend pas comme il le devrait, mais certains facteurs sont reconnus comme ayant une influence : surcharge pondérale, alcool, cigarette, certains aliments (aliments gras, oignons et nourriture épicé, chocolat et aliments acides) et parfois des médicaments prescrits. Ces derniers sont susceptibles de causer des problèmes au moment du coucher et le risque de reflux est plus grand quand vous êtes allongé.

- **Hernie hiatale :** parfois le hiatus (ouverture) dans le diaphragme est trop large, ce qui permet à la partie supérieure de l'estomac de s'insérer au-dessus du diaphragme. Résultat : les deux parties de la valve gastro-œsophagienne ne sont plus alignées, donc leur force est diminuée et cela permet un reflux d'acide dans l'œsophage. Une hernie hiatale ne cause pas toujours de symptômes – en fait, des tas de gens n'en ont aucun. Ce qu'elle fait, c'est qu'elle facilite le reflux gastro-œsophagien et c'est ce dernier qui cause les symptômes. Personne ne sait pourquoi une hernie hiatale se développe, mais elles sont extrêmement courantes (surtout après 65 ans) et

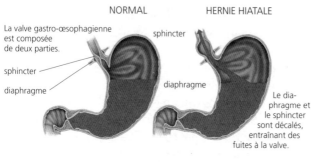

NORMAL      HERNIE HIATALE

La valve gastro-œsophagienne
est composée
de deux parties.

sphincter

sphincter

diaphragme

diaphragme

Le dia-
phragme et
le sphincter
sont décalés,
entraînant des
fuites à la valve.

Hernie hiatale

elles ne sont pas toujours détectées, ne causant aucun problème à la personne pendant toute sa vie.

## Conséquences du reflux gastro-œsophagien

Chez la plupart des gens, le reflux d'acide et de pepsine dans l'œsophage cause des symptômes mais pas de lésions. Chez certains cependant, la remontée enflamme la muqueuse et provoque une œsophagite.

## Œsophagite

Bien que personne ne sache pourquoi certaines personnes ont un reflux gastro-œsophagien et d'autres non, il semble que ce soit plus courant chez les fumeurs. L'œsophagite se soigne très bien, mais si vous l'avez depuis longtemps, elle peut avoir deux conséquences plus sérieuses : des constrictions œsophagiennes et l'œsophage de Barrett.

- **Constrictions œsophagiennes:** une longue inflammation peut entraîner la formation de cicatrices qui, à leur tour, entraînent un rétrécissement de l'œsophage, rendant la déglutition difficile. Ceci requiert un traitement spécifique à l'hôpital. Le traitement des constrictions œsophagiennes est présenté aux pages 50 et 51. Il est important de mettre l'accent sur le fait qu'une difficulté à avaler requiert toujours un examen complet par un médecin dès que possible, souvent suivi par une hospitalisation.

- **Œsophage de Barrett:** après de nombreuses années d'exposition à l'acide, la muqueuse de l'œsophage change doucement pour ressembler à celle de l'estomac (avec son mucus protecteur). On appelle cela l'œsophage de Barrett, du nom du médecin qui l'a découvert. Dans de nombreux cas, il n'y a pas de conséquences adverses, mais c'est l'une des causes du cancer de l'œsophage; si la condition est importante, vous devrez probablement être suivi de près à l'hôpital.

Votre médecin peut diagnostiquer un reflux gastro-œsophagien d'après vos symptômes sans recourir à des tests, surtout si, comme beaucoup de gens, vous avez les mêmes symptômes depuis des années. Mais des analyses seront nécessaires pour confirmer le diagnostic ou pour vous assurer que vous n'avez pas une autre condition qui demande un traitement différent si:

- vous avez plus de 40 ans et vos symptômes ont changé;
- vous avez plus de 40 ans et avez des symptômes pour la premières fois;

- vous avez des difficultés à avaler;
- vos symptômes ne répondent pas au traitement.

L'examen le plus courant et le plus utilisé dans ce contexte est l'endoscopie gastro-intestinale haute (voir p. 27 à 30). Une radiographie au baryum (voir p. 31 à 34) peut parfois aider, car elle montrera les spasmes musculaires. Dans des cas relativement rares où le diagnostic n'est pas encore clair après les résultats de ces tests, un autre examen hospitalier mesurera la quantité d'acide et la pression dans l'œsophage par des sondes spéciales passées dans le nez.

## Traitement

Le traitement du reflux, comme celui de toute condition pathologique, est basé d'abord sur l'élimination des causes sous-jacentes. Il est extrêmement important de changer tous les aspects de votre hygiène de vie susceptibles d'empirer la condition (comme expliqué à la p. 17):

- si vous fumez, décidez d'arrêter et faites-le. Le fait de fumer augmente les chances d'avoir des aigreurs et est mauvais pour votre état de santé général;

- perdez du poids au besoin – essayez de faire de l'exercice régulièrement tout en faisant les changements nécessaires dans votre alimentation;

- arrêtez de boire de l'alcool ou limitez-vous à un strict minimum;

- évitez de manger des aliments qui déclenchent vos symptômes. Ne remplissez pas trop votre estomac, mangez peu à la fois et souvent. Asseyez-vous toujours pour manger et efforcez-vous de manger lentement et de bien mastiquer;

- ne portez pas des ceintures ou des sous-vêtements serrés;
- ne mangez et ne buvez pas juste avant d'aller vous coucher;
- relevez la tête du lit d'environ 15 cm de manière à dormir sur un plan légèrement incliné. Des bottins téléphoniques sous les pattes du lit sont très efficaces. Le fait de dormir sur votre côté gauche peut aussi être utile.

Cela suffit souvent pour guérir la plupart des gens, et si cela ne marche pas complètement pour vous, vos symptômes s'améliorent suffisamment pour vous donner un peu de paix, et vous n'aurez pas forcément besoin d'un autre traitement.

## Traitement médical

Les médicaments en vente libre (antiacides et antagonistes des récepteurs de type H2 (voir p. 16 à 20) sont parfois tout ce dont vous avez besoin pour contrôler vos symptômes. Votre médecin peut vous prescrire des médicaments plus puissants tels que des inhibiteurs de la pompe à protons et des agents procinétiques.

### Inhibiteurs de la pompe à protons

Il s'agit d'un groupe de médicaments dont l'action principale est une réduction prononcée et de longue durée de la production d'acidité gastrique. Ils ont été développés relativement récemment, et incluent l'oméprazole, le lansoprazole et le pantoprazole. Ces médicaments sont extrêmement puissants et peuvent être utilisés pour soigner le reflux gastro-œsophagien si vos symptômes n'ont pas répondu à des mesures plus simples. Ils réduisent la sécrétion d'acide tant que vous les prenez, donc

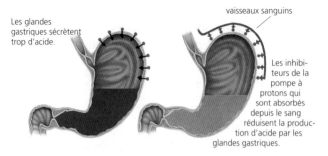

Les glandes gastriques sécrètent trop d'acide.

vaisseaux sanguins

Les inhibiteurs de la pompe à protons qui sont absorbés depuis le sang réduisent la production d'acide par les glandes gastriques.

Inhibiteurs de la pompe à protons

vos symptômes de reflux reviendront si vous arrêtez. Ceci signifie que c'est un traitement à long terme plutôt que bref et, dans ce cas-là, il est important de connaître les effets secondaires.

Comme ces médicaments sont relativement nouveaux, ils sont encore à la phase de tests. Leurs effets secondaires, similaires à ceux des anti-H2, sont somnolence, migraine, éruption cutanée et confusion chez les personnes âgées. Cependant, ils sont si puissants qu'ils réduisent l'acidité gastrique à presque zéro, entraînant deux conséquences importantes. L'une des fonctions de l'acide gastrique étant de tuer les bactéries présentes dans la nourriture, son absence induit donc un risque plus grand de gastro-entérite. Chez les personnes en bonne santé, ce n'est habituellement pas un problème (à moins qu'elles soient à l'étranger où la diarrhée des voyageurs est très courante), mais chez les gens très âgés ou infirmes, les gastro-entérites peuvent être graves. Le second souci de la prise à long terme de ces inhibiteurs de la pompe à protons est qu'ils amincissent la muqueuse gastrique (une condition appelée atrophie gastrique). L'importance de cette atrophie n'est pas connue, mais c'est un sujet de débat dans le corps médical. Actuellement, les inhibiteurs de la pompe à protons sont pensés pour être sûrs à prendre à long terme, mais cet avis peut changer dans le futur. Une approche sensée est de ne les prendre à long terme que si c'est absolument nécessaire.

## Agents procinétiques

« Procinétique » signifie « aide au mouvement ». Ces médicaments améliorent le mouvement normal de l'œso-phage et accroissent la vidange gastrique. Ils resserrent la valve en haut de l'estomac ce qui aide à prévenir le reflux gastro-œsophagien. En plus d'agir sur les nerfs qui contrôlent les muscles dans l'estomac, les agents prociné-tiques sont particulièrement utiles pour les gens qui ont un estomac « anxieux » et qui ont parfois des prescrip-tions contre la dyspepsie non ulcéreuse (voir p. 63 à 66), avec ou sans autres traitements. Ils sont habituellement pris régulièrement pendant la journée et, comme pour les antiacides, ils doivent être pris à long terme. La métoclo-pramide et la dompéridone sont des exemples d'agents procinétiques. Habituellement, ces médicaments sont sûrs, mais en raison de leurs effets procinétiques sur l'in-testin, ils peuvent causer des crampes et de la diarrhée. Le métoclopramide n'est généralement pas donné aux jeunes femmes ou aux enfants parce qu'il peut causer de graves spasmes musculaires du visage et du cou (appelé réaction dystonique). Cet effet secondaire est moins courant chez les hommes et les femmes plus âgées.

Le contenu de l'estomac
s'infiltre dans l'œsophage.

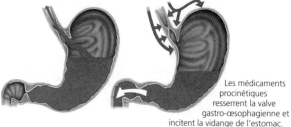

Les médicaments
procinétiques
resserrent la valve
gastro-œsophagienne et
incitent la vidange de l'estomac.

Médicaments procinétiques

## Chirurgie

Avant la venue des médicaments antiacides, un reflux
gastro-œsophagien grave était souvent traité par la chirurgie. L'opération se fait en deux parties. D'abord, le
chirurgien réduit le hiatus du diaphragme avec des
agrafes, corrigeant donc toute hernie, puis il resserre
le sphincter œsophagien bas en utilisant une partie de
l'estomac enroulé sur lui-même comme une ceinture.
À l'origine, cette opération était importante et requérait
de passer plusieurs jours à l'hôpital, suivis de plusieurs
semaines de repos, mais maintenant elle est pratiquée
par la technique du trou de serrure et est bien moins
handicapante. Au lieu de travailler dans une large inci-
sion, le chirurgien opère au moyen d'endoscopes, et a
seulement besoin de faire des micro-incisions pour
passer les instruments. Résultat : un temps de récupération plus court, mais une opération techniquement plus
difficile, surtout si le patient a une surcharge pondérale.

Comme le traitement du reflux gastro-œsophagien
doit être continué à long terme et avec l'arrivée des
opérations moins pénibles, la chirurgie anti-reflux est
redevenue plus populaire. Ceci dit, toute opération a

des risques et environ 15 % des gens ont des symptômes subséquents (surtout une incapacité à roter ou à vomir); la chirurgie est donc habituellement réservée aux personnes qui ne répondent pas aux médicaments ou qui ne peuvent pas en prendre. La chirurgie sera précédée d'examens pour être sûr qu'elle sera bénéfique.

## Complications du reflux

Les complications du reflux gastro-œsophagien affectent généralement les personnes âgées qui ont des symptômes graves qui n'ont pas été soignés, mais cela peut aussi être les premiers signes de la condition. De telles complications sont diagnostiquées par une endoscopie (avec ou sans biopsie) et/ou une radiographie au baryum.

### Traitement

- **Œsophagite :** le traitement de l'œsophagite est très similaire à celui du reflux gastro-œsophagien simple, bien qu'un inhibiteur de pompe à protons (voir p. 46 à 48) soit recommandé pendant les premières semaines pour assurer la guérison. Après cela, le traitement est poursuivi par une médication plus simple et moins puissante (et donc moins dangereuse) pour contrôler les symptômes à long terme. En plus d'une modification de l'hygiène alimentaire et d'une perte de poids, des antiacides simples sont parfois tout ce qu'il faut. Certains patients requièrent un traitement plus puissant, avec des anti-H2.

- **Constrictions œsophagiennes :** les cicatrices et la réduction de l'œsophage causées par une œsophagite trop longue peuvent répondre au traitement par des inhibiteurs de la pompe à protons seuls, mais si vous avez des difficultés importantes à avaler, d'autres traitements seront nécessaires. Un œsophage rétréci peut être détendu lors d'une endoscopie, mais le problème peut revenir. On passe des dilatateurs de plus en plus gros ou on insère un cathéter doté d'un ballon dégonflé dans l'œsophage, puis on gonfle le ballon. Ceci étend la zone étroite et le cathéter et le ballon sont ensuite enlevés. La plupart des médecins recommandent à quiconque ayant eu une constriction de l'œsophage en raison de reflux de prendre des inhibiteurs de la pompe à protons à long terme (souvent pour le reste de leur vie) pour prévenir sa réapparition. Même avec ces médicaments, la constriction peut revenir, mais elle répond habituellement à une autre extension. Là encore, une difficulté à avaler est un indicateur important et vous devez voir votre médecin sans délai.

- **Œsophage de Barrett :** il n'y a à l'heure actuelle aucun traitement efficace éprouvé, bien que dans le futur il pourrait y avoir un traitement au laser au bout d'un endoscope. Cette condition n'interfère pas avec votre qualité de vie ou votre durée de vie, mais il semble qu'au bout d'un certain temps, l'œsophage de Barrett se développe en un cancer de l'œsophage; donc si votre condition est grave et que vous êtes jeune et en bonne santé par ailleurs, faites des endoscopies annuelles pour dépister les signes de cancer. Dans ce cas, le seul moyen de l'empêcher de se développer est de pratiquer une ablation de l'œsophage, ce qui est une intervention majeure. C'est pour cette raison que les examens sont proposés seulement aux patients suffisamment en bonne santé pour subir ce type d'opération. Selon la longueur d'œsophage à enlever, il peut être nécessaire de surélever l'estomac ou de remplacer la partie de l'œsophage par un morceau de côlon. L'œsophage de Barrett ne cause pas de symptômes, mais si vous l'avez, vous avez peut-être besoin d'un traitement à long terme aux inhibiteurs de la pompe à protons pour les symptômes graves du reflux gastro-œsophagien.

## POINTS CLÉS

- Les aigreurs sont causées par le reflux de l'acide gastrique dans l'œsophage, à cause d'une hernie hiatale.

- Le traitement médicamenteux a pour but de diminuer l'acidité de l'estomac si les mesures d'hygiène de vie ne sont pas efficaces.

- Dans les cas graves, le reflux d'acide peut léser la partie inférieure de l'œsophage, nécessitant un traitement à l'hôpital.

# Ulcères peptiques et *H. pylori*

Voilà une autre cause majeure d'indigestion, bien que moins courante que le reflux gastro-œsophagien. Les ulcères peptiques peuvent se trouver n'importe où dans la partie haute de l'intestin, mais ils sont généralement dans l'estomac ou dans les premiers centimètres du duodénum. D'un point de vue pathologique, des ulcères sont des brèches dans la muqueuse qui forment des plaies ouvertes. Ils ressemblent à l'ulcère buccal, mais ils sont plus profonds et ne guérissent pas aussi vite. La partie « peptique » du nom vient de la pepsine, l'enzyme qui aide à décomposer la nourriture, mais l'ulcère peptique comprend à la fois les ulcères gastriques (estomac) et duodénaux.

## Symptômes

Le symptôme prédominant de l'ulcère peptique est une douleur dans le haut de l'abdomen. Elle est souvent décrite comme une brûlure et peut survenir n'importe quand, bien que souvent liée aux moments des repas. Les symptômes d'un ulcère gastrique ou duodénal peuvent être identiques, mais un ulcère au duodénum

Le contenu de l'estomac érode la paroi
de l'estomac et du duodénum.

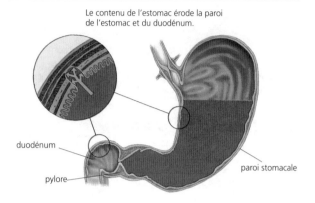

duodénum

pylore

paroi stomacale

Endroits courants pour un ulcère peptique

causera souvent des douleurs surtout le matin, soula-
gées par un verre de lait. Un ulcère gastrique est douloureux après un repas et est associé à de la nausée.
Une caractéristique particulière de la douleur est qu'elle
est localisée très précisément, alors que dans d'autres
conditions elle tend à être plus diffuse. Dans le cas
d'un ulcère peptique, les symptômes vont et viennent,
des accalmies de plusieurs semaines alternent avec
des périodes de douleur constante. Les symptômes
d'indigestion ont alors pu être présents pendant de
nombreuses années.

## Causes

Comme mentionné précédemment, les glandes gastriques produisent un cocktail d'acide et de pepsine qui
permet la digestion des aliments. L'estomac et le duodénum se protègent des effets de l'acide en sécrétant
un mucus protecteur. Un ulcère se développe lorsque
l'équilibre entre l'attaque et la défense est rompu. Il y a

plusieurs raisons à cela et la plus courante est une bactérie, dont la découverte a transformé le traitement de l'ulcère peptique.

## Histoire de *Helicobacter pylori*

Avant les années 1980, on pensait que les ulcères peptiques étaient causés par l'hygiène de vie de l'individu, même s'il était clair que d'autres facteurs entraient en jeu. Les ulcères peptiques se rencontraient surtout chez les fumeurs et les personnes les plus démunies. De plus, on pensait que le stress était important, et les patients et médecins les attribuaient à un style de vie stressant. Avec l'arrivée des antiacides, des antagonistes des récepteurs H2 à la fin des années 1960 et les inhibiteurs de la pompe à protons dans les années 1970, les ulcères étaient souvent soignés sans recourir à la chirurgie, mais ils réapparaissaient très souvent après le traitement, apparemment pour les mêmes raisons que celles qui les avaient causés en premier lieu.

Au début des années 1980, deux chercheurs australiens, Warren et Marshall, qui travaillaient sur des parties de l'estomac, découvrirent une bactérie qui vivait dans la muqueuse de la partie inférieure de l'estomac. Le rôle précis de cette bactérie, qu'ils appelèrent *Campylobacter pylori*, n'était pas clair. En principe, l'estomac est stérile, mais cette bactérie avait trouvé le moyen de se cacher dans la muqueuse où elle ne pouvait pas être attaquée et détruite comme ses semblables. Warren et Marshall ont découvert que lorsque l'infection était présente, elle était toujours associée à une inflammation microscopique de la muqueuse, appelée gastrite. Au départ, on ne savait pas si c'était l'infection qui causait la gastrite ou si la gastrite permettait l'infection. Pour en avoir le cœur net, Marshall ingurgita la bactérie, contracta une gastrite qui disparut avec des soins aux antibiotiques. Ceci prouvait que c'était l'infection qui causait la gastrite. La bactérie fut ensuite renommée *Helicobacter pylori* et il fut découvert qu'une vaste part de la population, environ 40 %, était porteuse de l'infection. La plupart des gens n'ont pas de symptômes, mais on sait maintenant que beaucoup – environ 10 % des personnes infectées – développeront un ulcère peptique. Les recherches sur plusieurs milliers de patients avec un ulcère duodénal ou gastrique ont montré que la vaste majorité avait une infection à *H. pylori* dans la partie inférieure de l'estomac et, plus important encore, que l'éradication de l'infection avec un traitement sur une semaine résultait en une cure à long terme de l'ulcère.

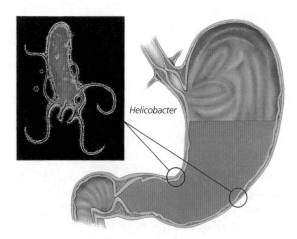

*Helicobacter*

La bactérie *Helicobacter pylori* se terre dans la muqueuse de la partie inférieure de l'estomac.

## Comment devient-on infecté ?

L'infection à *Helicobacter pylori* s'acquiert très jeune, et est transmise par d'autres membres de la famille. Elle se transmet par contact et est courante dans les grandes familles tassées dans une petite maison. Vous pouvez aussi l'attraper lorsque de nombreux jeunes partagent un espace confiné, comme les baraquements de l'armée. Le phénomène de transmission n'est pas clair, mais le *H. pylori* a été isolé dans la salive ainsi que dans les selles. La plupart du temps, il est impossible d'empêcher la propagation de l'infection, mais comme pour toute autre infection intestinale, l'hygiène personnelle est importante. Comme mentionné auparavant, l'infection à *H. pylori* est présente chez 40 % de la population. Les personnes les plus atteintes ont 65 ans et plus, ce qui serait le résultat des conditions favorables aux infections lors de la Seconde Guerre mondiale.

## Quelles sont les conséquences de l'infection ?

La plupart des gens infectés à *H. pylori* ne développent pas de symptômes. Environ 10 % d'entre eux auront un ulcère peptique. La raison pour laquelle certains ont un ulcère et d'autres non, n'est pas claire, mais il semble que ce soit lié à l'âge où l'infection a été attrapée et au type particulier de *H. pylori*. Le mécanisme de la formation d'un ulcère est compliqué et se déroule en deux étapes. L'infection à *H. pylori* « incite faussement » l'estomac à produire plus d'acide. Elle cause aussi l'amincissement de la muqueuse, ce qui permet à l'acide de la pénétrer. Les ulcères peptiques créés par l'infection à *H. pylori* sont identiques à ceux qui résultent d'autres causes, donc des tests spéciaux doivent être effectués pour le diagnostiquer.

L'infection à *Helicobacter pylori* sans ulcère peptique ne cause apparemment pas de symptômes, bien qu'elle joue un rôle à part dans certains cas de « dyspepsie non ulcéreuse » (voir p. 70 à 80). L'infection à *H. pylori* ne cause ni aigreurs ni reflux gastro-œsophagien. On pense qu'elle prévient d'une certaine manière certains des symptômes de reflux, car quand le *H. pylori* est éradiqué, les gens qui souffraient de reflux voient leurs symptômes empirer. Il s'avère que dans ce cas, l'infection à *H. pylori* a un effet similaire à celui d'un antiacide. Par contre, chez les patients avec un ulcère duodénal, il semble augmenter l'acidité. La raison de cette différence n'est pas encore complètement comprise.

La zone de débat la plus controversée au sujet de l'infection à *H. pylori* est de savoir s'il peut causer le cancer de l'estomac. Cela n'a pas été prouvé et, plus important encore, l'éradication de l'infection n'indique pas de réduction de ce risque. L'éradication de l'infection à *H. pylori* n'a aucun impact sur un cancer déjà développé, par contre elle est très efficace et peut entraîner la guérison complète des patients qui souffrent de la condition très rare appelée lymphome gastrique (tumeur des cellules sanguines de l'estomac).

### Qui doit suivre un traitement ?

La décision de traiter un individu infecté à *H. pylori* pour éradiquer la bactérie est prise sur la base des recommandations du National Institutes of Health aux États-Unis (voir encadré) et de Santé Canada.

## Recommandations

- Si vous avez un ulcère peptique, vous débarrasser du *H. pylori* lui permettra de guérir.

- Si vous avez eu un ulcère peptique dans le passé, qui n'a pas été soigné par la chirurgie, l'éradication l'empêchera de revenir.

- Si vous n'avez pas ou n'avez jamais eu d'ulcère peptique, l'éradication n'est pas nécessaire si vous avez un reflux gastro-œsophagien, car cela peut faire empirer les symptômes.

- L'éradication de l'*Helicobacter* n'est pas recommandée actuellement chez les patients avec une dyspepsie non ulcéreuse, mais ce point est contesté.

- L'éradication n'est pas vue actuellement comme bénéfique pour prévenir le cancer de l'estomac, bien qu'elle soit recommandée pour quiconque est atteint du rare lymphome gastrique.

- À moins d'être dans le groupe des gens dont l'éradication est bénéfique, vous n'avez pas besoin d'être testé pour l'infection à *H. pylori*.

## Comment l'infection est-elle éradiquée ?

À la différence des infections classiques, l'*Helicobacter pylori* est difficile à éradiquer et vous devez prendre plusieurs médicaments différents en même temps. La raison en est que l'infection réside dans un environnement très protégé, la muqueuse de l'estomac, imperméable à la plupart des médicaments. Ceci dit, depuis 10 ans, de nombreux médicaments ont été développés qui, pris correctement, éliminent l'infection dans 90 % des cas. Le traitement le plus courant est une trithérapie pour une période de sept jours associant deux antibiotiques à un inhibiteur d'acide puissant, habituellement l'oméprazole ou le lansoprazole. Les traitements modernes sont très sûrs et ont peu d'effets secondaires, mais certains antibiotiques causent la nausée, des vomissements ou la diarrhée (qui peut être grave chez les personnes âgées), et ils ne doivent pas être pris avec de l'alcool. Il est important de compléter le traitement prescrit, si possible, car la raison la plus courante des non-résultats est que les gens ne suivent pas le traitement jusqu'au bout.

À la fin du traitement, il est important de vérifier si l'infection à *H. pylori* est bien éradiquée; on se sert d'un des tests décrits précédemment (voir p. 34 à 36), généralement le test respiratoire à l'urée. Une personne sur 10 environ a besoin d'un second traitement. Après l'échec de plusieurs traitements successifs, on se tourne vers une thérapie différente. Il est très rare que quelqu'un soit réinfecté une fois qu'il s'est débarrassé de la bactérie. Si les symptômes persistent après l'éradication, c'est qu'ils proviennent d'autre chose.

## Le futur de la bactérie *H. pylori*

L'*Helicobacter pylori* est sans doute présent chez les mammifères depuis plusieurs milliers d'années, et ne semble pas causer d'effets chez la plupart d'entre eux. Si l'infection entraîne une maladie chez certains, elle pourrait être bénéfique chez d'autres, mais ce n'est pas encore prouvé. Les débats sont intenses dans le corps médical et c'est l'une des raisons pour laquelle l'éradication de l'infection n'est pas toujours recommandée chez les gens qui n'ont pas d'ulcères. Il est possible que les chercheurs et les

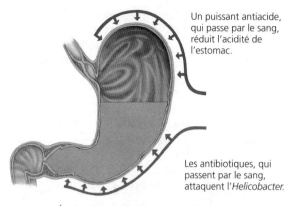

Un puissant antiacide, qui passe par le sang, réduit l'acidité de l'estomac.

Les antibiotiques, qui passent par le sang, attaquent l'*Helicobacter.*

Éradication de l'*Helicobacter pylori*

médecins découvrent un « mauvais » et un « bon » *H. pylori* et soient capables de cibler les « mauvais » pour l'éradication. Dans la même veine, un vaccin contre le « mauvais » *H. pylori* est en cours d'étude; il serait donné aux bébés pour prévenir l'infection et pratiquement éliminer la maladie de l'ulcère peptique.

## POINTS CLÉS

- Si votre médecin soupçonne un ulcère peptique, il demandera d'autres examens de votre estomac.

- Les ulcères peptiques surviennent quand la muqueuse gastrique est lésée par l'acide.

- La cause la plus courante de l'ulcère peptique est une infection à la bactérie *Helicobacter pylori*.

- L'infection est courante et affecte 4 personnes sur 10; pour des raisons qui ne sont pas comprises, seule une minorité de personnes qui ont l'infection développent un ulcère.

- Les ulcères peptiques causés par *H. pylori* sont habituellement guéris par les antibiotiques qui traitent l'infection.

- De nos jours, la chirurgie est seulement requise pour traiter des ulcères compliqués.

- L'infection à *Helicobacter* sans ulcère peptique est traitée seulement dans des circonstances spéciales.

# Ulcères peptiques – autres causes et complications

## Médicaments anti-arthritiques

L'autre cause principale des ulcères peptiques réside dans les anti-inflammatoires non stéroïdiens (AINS) utilisés pour soulager l'arthrite et les affections et douleurs musculaires (aspirine, indométhacine, ibuprofène, diclofénac et naproxène). Certains sont aussi utilisés pour soulager les migraines et les douleurs menstruelles, et l'ibuprofène (en vente libre sous les marques Nurofen et Advil) se trouve dans de nombreux remèdes contre le rhume et la grippe. Pris régulièrement pendant une longue période de temps (pour soigner l'arthrite rhumatoïde, par exemple) ces médicaments peuvent causer des ulcères en interférant avec le système de défense du duodénum et de l'estomac. Leur utilisation ponctuelle n'a pas le même effet, mais ils peuvent faire empirer vos symptômes si vous avez déjà un ulcère.

Ils exercent leur action anti-inflammatoire dans le corps en réduisant la production des prostaglandines. Si vous vous blessez ou avez une coupure qui s'infecte, elle devient chaude, rouge et enflée. C'est le résultat des prostaglandines, substances libérées par les cellules lésées autour de la blessure. Dans la plupart des parties du corps (par exemple, dans les articulations des gens qui ont de l'arthrite), ces prostaglandines font empirer l'inflammation et les AINS sont très efficaces contre cela. Par contre, dans l'estomac, les prostaglandines sont une importante partie du système de défense muqueux. L'action des AINS diminuant ces prostaglandines, ils affaiblissent cette défense et permettent aux ulcères peptiques de se développer.

Des nouveaux AINS (tels que la cyclo-oxygénase 2 sélective ou anti-COX-2) ont été développés. Les anti-COX-2 actuellement sur le marché incluent le célécoxib, le valdécoxib, le paracoxib, l'étoricoxib et le lumiracoxib (prochainement). Les anti-COX-2 réduisent la production de prostaglandine et l'inflammation aux endroits douloureux sans affecter la production dans l'estomac. Il est devenu clair que les anti-COX-2 ont bien moins d'effets gastro-intestinaux que les AINS et surtout qu'ils réduisent l'incidence des complications graves des ulcères comme l'hémorragie et la perforation. Malheureusement, on a découvert récemment qu'un anti-COX-2, le Vioxx, augmentait les crises cardiaques lors d'une utilisation à long terme. Actuellement, on ne connaît pas d'autres anti-COX-2 (ou d'autres AINS non sélectifs) qui auraient les mêmes effets.

## Autres causes

Les ulcères peptiques se produisent très rarement chez les gens qui n'ont pas d'infection à *Helicobacter pylori* et qui ne prennent pas d'AINS. Ces ulcères, qui généralement répondent bien au traitement, restent souvent non expliqués.

AINS avalés

AINS utilisés pour traiter l'arthrite et la douleur musculaire

Les AINS affaiblissent la muqueuse protectrice de l'estomac, augmentant la probabilité des ulcères peptiques.

AINS absorbés dans l'intestin

Certains médicaments anti-arthritiques (AINS) peuvent interférer avec le système digestif.

Les ulcères peptiques peuvent être causés par d'autres conditions diagnostiquées seulement à l'hôpital, dont la maladie de Crohn (condition qui affecte l'intestin), le syndrome de Zollinger-Ellison (une condition dans laquelle l'estomac produit trop d'acide en raison d'un déséquilibre hormonal) et le lymphome (tumeur des cellules sanguines dans la paroi stomacale).

La cigarette prédispose aux ulcères peptiques. Elle en augmente le risque chez les gens infectés à *Helicobacter*, et aussi chez les patients qui prennent des AINS. Elle empêche aussi la guérison de l'ulcère. Ceux qui ont ou ont eu un ulcère et fument toujours devraient arrêter.

## Complications

Dans la plupart des cas, les ulcères peptiques ont des symptômes très déplaisants mais ne sont pas graves. Par contre, leurs complications le sont potentiellement : hémorragie, perforation et sténose pylorique. Le fait d'avoir un cancer de l'estomac et un ulcère gastrique ne prouve pas que les ulcères bénins « ordinaires » de l'estomac peuvent devenir cancéreux.

### Hémorragie

Il arrive qu'un ulcère peptique creuse un trou dans l'une des artères de la paroi stomacale ou duodénale et provoque une hémorragie. Ceci peut être très grave et le sang peut être vomi ou ressortir par l'intestin et dans les selles. Le vomi qui contient du vieux sang ressemble à du marc de café, car le sang change d'apparence après un contact avec l'acide stomacal. De même, lorsque le sang a traversé l'intestin, il semble noir et goudronneux. Que vous ayez une indigestion ou non, il est très important de consulter votre médecin immédiatement après avoir vomi du sang ou en avoir trouvé dans vos selles.

### Perforation

Parfois, un ulcère peptique érode complètement la paroi stomacale ou duodénale et l'acide entre dans la cavité abdominale causant une péritonite. Si le contenu de l'estomac s'infiltre dans l'abdomen, le patient ressentira de grandes douleurs et court un risque sérieux

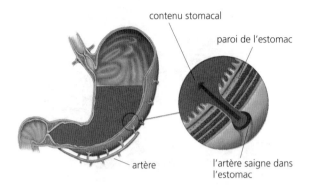

contenu stomacal

paroi de l'estomac

artère

l'artère saigne dans l'estomac

Hémorragie : parfois un ulcère peptique peut creuser un trou dans une artère.

d'infection. Ceci arrive habituellement de manière inattendue aux personnes qui souffrent d'indigestion et comme cela peut être fatal sans traitement, une chirurgie d'urgence sera nécessaire pour réparer le trou.

## Sténose pylorique

C'est le terme médical employé pour désigner une condition dans laquelle le pylore – la valve au bas de l'estomac – se rétrécit et ne fonctionne plus très bien. Des ulcérations répétées sur plusieurs mois ou années du muscle se trouvant à la jonction de l'estomac et du duodénum peuvent causer une cicatrice qui est si épaisse qu'elle ne permet plus à la nourriture de quitter l'estomac. À la différence d'un tissu ordinaire, une zone cicatrisée n'est pas souple et a tendance à rétrécir avec le temps. Parfois, la sténose pylorique est causée par une tuméfaction autour d'un ulcère, qui disparaîtra si la personne prend un antiacide. L'affection peut se développer chez une personne qui a eu des indigestions régulières au fil des ans; les

paroi stomacale

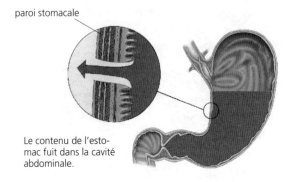

Le contenu de l'estomac fuit dans la cavité abdominale.

Perforation : parfois un ulcère peptique peut éroder la paroi
de l'estomac, permettant au contenu de passer.

symptômes principaux sont des vomissements fréquents
et une sensation de satiété. Il peut s'avérer nécessaire
d'opérer pour élargir l'ouverture si le rétrécissement
est grave.

Une ulcération répétée peut causer une cicatrisation qui
obstrue la vidange normale de l'estomac.

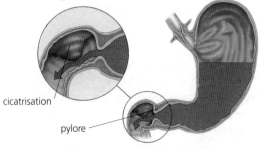

cicatrisation

pylore

Sténose pylorique : la valve au bas de l'estomac devient étroite et ne
fonctionne plus correctement.

## Cancer de l'estomac

Très rarement, on découvre qu'une personne qui a un ulcère de l'estomac (pas du duodénum) a aussi un cancer de l'estomac (voir p. 81 à 84). C'est pourquoi, si un ulcère gastrique est diagnostiqué, des prélèvements sont habituellement faits et examinés au microscope pour dépister des cellules cancéreuses.

Si vous avez un ulcère de l'estomac, vous devrez être suivi de près par des examens réguliers à l'hôpital pour être sûr que votre ulcère guérit avec le traitement. Ce dernier est similaire à celui qui est employé pour les ulcères duodénaux – à savoir, antibiotiques et antiacides (voir page 73).

### POINTS CLÉS

- Les anti-inflammatoires et l'aspirine peuvent causer des ulcères peptiques en lésant la muqueuse stomacale.

- Si vous développez une indigestion pendant que vous prenez l'un de ces traitements, vous devrez consulter votre médecin.

# Traitement des ulcères peptiques

Même si votre médecin est quasiment sûr, d'après vos symptômes, que vous avez un ulcère peptique, il vous demandera de passer d'autres tests pour confirmer le diagnostic. Le plus fiable d'entre eux est l'endoscopie gastro-intestinale ou endoscopie. Elle a largement remplacé les radiographies au baryum (bien que ces dernières soient parfois requises). Une infection à *Helicobacter pylori* peut être diagnostiquée au moment d'une endoscopie, en plus des autres tests. (Pour plus de détails sur ces examens, voir p. 34 à 37.)

Le traitement des ulcères peptiques a été révolutionné au cours des 10 dernières années, par l'arrivée de médicaments spécifiques et de la découverte que l'éradication de l'infection à *Helicobacter pylori* était souvent la seule chose à faire. Bien que des changements d'hygiène de vie soient nécessaires, comme d'arrêter de fumer, ils ne suffisent pas (sauf dans le cas du reflux gastro-œsophagien).

Le traitement des ulcères peptiques différera légèrement si vous prenez des anti-inflammatoires non stéroïdiens au moment où l'ulcère est diagnostiqué.

## Infection à *Helicobacter pylori* seule

Avant la découverte de *Helicobacter pylori (H. pylori),* les patients avec des ulcères peptiques étaient soignés par des médicaments antiacides comme les antagonistes des récepteurs H2 ou les inhibiteurs de la pompe à protons. Ces médicaments sont identiques à ceux qui sont utilisés pour traiter le reflux gastro-œsophagien (voir p. 46 à 48). Lorsqu'ils sont prescrits pour huit semaines, ces médicaments sont très efficaces pour guérir l'ulcère, mais n'ont aucune action contre la cause sous-jacente, à savoir l'infection à *Helicobacter pylori*. Ceci signifie que l'ulcère peut réapparaître et, jusqu'à présent, les patients avaient besoin d'un traitement intermittent pendant de nombreuses années. Maintenant, si vous avez un ulcère peptique causé par *H. pylori*, il suffit d'éradiquer la bactérie. Ceci permet non seulement à l'ulcère de guérir, mais l'empêche de revenir. Les inhibiteurs d'acide ne sont pas nécessaires après l'éradication, à moins que l'ulcère ait causé des hémorragies internes, auquel cas, les médecins donneront les huit semaines de traitement comme une approche « ceinture et bretelle ».

Les traitements modernes pour l'infection à *Helicobacter pylori* consistent en une trithérapie de sept jours. Il s'agit de deux antibiotiques associés à un IPP (inhibiteur de pompe à protons). Le traitement de l'infection à *H. pylori* est décrit en détail aux pages 59 à 61.

## Ulcères chez les patients qui prennent des anti-inflammatoires non stéroïdiens

Comme nous l'avons vu précédemment, les anti-inflammatoires non stéroïdiens (AINS) créent parfois des ulcères peptiques chez les personnes qui les prennent.

Ces patients peuvent aussi avoir une infection à *H. pylori*, mais habituellement les AINS sont les causes sous-jacentes les plus importantes. Le traitement aux AINS doit alors être arrêté, si possible, ou remplacé par un AINS moins fort comme le paracétamol ou l'un des nouveaux AINS apparemment plus sûrs. L'ulcère est soigné de manière traditionnelle avec un traitement de huit jours d'IPP, un des antiacides les plus puissants. À l'heure actuelle, des inhibiteurs d'acide moins puissants, les anti-H2 tels que cimétidine ou ranitidine, ne sont pas suffisants pour cet objectif.

Si vous pouvez arrêter les AINS, il se peut qu'aucun autre traitement ne soit nécessaire. Si vous ne pouvez pas les arrêter, vous devrez peut-être prendre un IPP à long terme pour empêcher l'ulcère de revenir. Les IPP sont actuellement considérés comme le meilleur traitement de prévention des lésions causées par les AINS. L'alternative est de passer à un anti-COX-2, car les études indiquent que les anti-H2 ne sont pas suffisants. Un autre médicament utilisé à cette fin est le misoprostol. Au lieu d'inhiber l'acide stomacal, le misoprostol empêche l'ulcère en augmentant les défenses de l'estomac et du duodénum contre les effets négatifs des médicaments. C'est une substance similaire aux prostaglandines naturelles qui se trouvent dans la muqueuse et qui sont inhibées par les AINS. Bien que le misoprostol soit sans danger, il induit des diarrhées chez certaines personnes, ce qui en limite l'utilité. Le misoprostol n'est pas donné aux femmes en préménopause encore capables de concevoir des enfants, car il provoque des fausses-couches.

À l'heure actuelle, les médecins ne s'entendent pas sur le traitement de l'infection à *H. pylori* chez les patients atteints d'ulcères causés par les AINS. Certains pensent que l'infection doit toujours être éradiquée si un ulcère est présent, que les patients prennent ou non un AINS. Des études récentes indiquent que l'éradication de l'infection ne fait aucune différence ou, pire, qu'elle rend les ulcères plus difficiles à guérir. Le conseil du moment est que l'infection ne doit pas être éradiquée, mais cela peut changer dans le futur.

## Ulcères duodénal et gastrique

Les nouveaux inhibiteurs de COX-2 (voir p. 63), comme les IPP, ont révolutionné le traitement des patients souffrant d'arthrite qui risquent de faire des ulcères peptiques. Le National Institute for Clinical Excellence (NICE) recommande que les patients à haut risque prennent des anti-COX-2. Les principaux facteurs de risque sont : être âgé de plus de 65 ans, un passé d'ulcères, l'utilisation de fortes doses d'AINS, l'utilisation de stéroïdes ou d'anticoagulants comme la warfarine combinée à un AINS, et la présence d'autres maladies graves. Les anti-COX-2 induisent indubitablement des risques. Une suggestion très controversée est qu'ils augmentent les risques de crise cardiaque, bien qu'à l'heure actuelle, cela semble peu vraisemblable.

Si le risque que vous courrez est important, vous avez le choix entre un anti-COX-2 et un AINS avec un IPP. Parlez-en à votre médecin.

## Chirurgie

Avant l'arrivée des nouveaux traitements, la chirurgie était souvent recommandée pour traiter les ulcères peptiques. Maintenant, elle est seulement requise en cas de complications et très rarement quand les ulcères ne répondent pas au traitement. Il y a plusieurs types d'opérations, mais toutes ont pour but de diminuer la sécrétion gastrique acide en sectionnant les nerfs qui l'envoient à l'estomac (vagotomie). Une des conséquences de la vagotomie est que l'estomac ne se vide plus correctement après; le chirurgien doit donc aussi effectuer une opération sur l'estomac pour corriger cela.

## Conclusion

Les ulcères peptiques sont assez fréquents et, si votre médecin soupçonne que c'est la cause de vos symptômes, la meilleure manière de confirmer le diagnostic est de passer une endoscopie. La cause la plus courante est l'infection à *Helicobacter pylori* et l'éradication de cette infection avec des antibiotiques est souvent la seule chose à faire pour guérir l'ulcère.

L'autre cause d'ulcères peptiques est un traitement aux anti-inflammatoires non stéroïdiens (AINS). Les nouveaux AINS n'ont apparemment pas ces effets secondaires. Les ulcères peptiques peuvent presque toujours être soignés avec des médicaments et la chirurgie est très rarement nécessaire. Une complication de l'ulcère peptique est l'hémorragie, donc consultez immédiatement votre médecin si vous vomissez du sang ou avez des selles goudronneuses.

## POINTS CLÉS

- Les ulcères peptiques se soignent par un traitement inhibiteur d'acide.

- Une fois l'ulcère peptique diagnostiqué, il est important d'en traiter la cause sous-jacente.

- L'usage d'un anti-inflammatoire doit être arrêté jusqu'à la guérison de l'ulcère.

- S'il y a une infection à *Helicobacter*, elle sera éradiquée par des antibiotiques pour prévenir la réapparition de l'ulcère.

- La chirurgie est réservée aux ulcères qui ne guérissent pas par la médication et aux ulcères avec complications.

# Dyspepsie non ulcéreuse

Votre médecin diagnostiquera cette condition si vous avez des symptômes de type indigestion mais que les tests indiquent que votre estomac et votre duodénum sont normaux, c'est-à-dire qu'il n'y a pas d'ulcères ou de reflux gastro-œsophagiens.

Il n'y a pas de test diagnostique pour la dyspepsie non ulcéreuse, donc avant de pouvoir la diagnostiquer, il faut éliminer les autres conditions qui causent des symptômes similaires, soit par un examen physiologique, soit par d'autres tests. L'encadré ci-contre décrit des conditions aux symptômes similaires.

La dyspepsie non ulcéreuse est caractérisée par les symptômes suivants : douleur ou sensation de brûlure dans le haut de l'estomac (habituellement liées à un régime alimentaire – les aliments l'empirent ou l'améliorent), et parfois nausée. De nombreuses personnes souffrent aussi d'un « estomac nerveux » et leurs symptômes empirent en périodes de stress. Il semblerait que cette affection soit causée par tout un ensemble de facteurs. Les personnes affligées ont l'estomac plus sensible à l'acide gastrique normal et à certains aliments.

## Conditions à éliminer

- Calculs biliaires : cristaux de tailles variables, allant du sable à 2-3 cm de diamètre, composés de cholestérol et de sous-produits de la décomposition des globules rouges. Ils se forment dans la vésicule biliaire et irritent sa paroi, surtout après un repas riche en gras; ils sont douloureux surtout quand la vésicule se contracte. Ils peuvent provoquer un ictère (jaunisse) lorsqu'ils se coincent dans le canal cholédoque.

- Syndrome du côlon irritable : c'est une condition très courante qui est associée à un spasme musculaire à l'intérieur de l'intestin. La cause en est inconnue mais les symptômes semblent souvent être liés au stress.

- Douleur venant des côtes inférieures et des muscles de la paroi abdominale.

Une théorie suggère que les muscles de la paroi stomacale deviennent très tendus en périodes de stress, ce qui ferait empirer les symptômes.

Du point de vue strictement médical, la dyspepsie non ulcéreuse n'est jamais grave, mais elle peut être très handicapante. Il est également important d'être sûr que c'est la véritable cause des symptômes éprouvés. Elle provoque très rarement la perte de poids, donc si c'est votre cas, votre médecin recherchera une autre cause. Si vous prenez des anti-inflammatoires non stéroïdiens (AINS), votre médecin devra aussi éliminer l'ulcération peptique avant de pouvoir diagnostiquer une dyspepsie non ulcéreuse.

## Traitement

L'étape la plus importante est de comprendre la condition et de réaliser que vos symptômes ne sont pas le signe d'une affection plus grave. L'étape suivante est d'essayer de modifier les aspects de votre hygiène de vie qui font empirer les symptômes. D'une manière générale, les changements les plus importants seront dirigés vers l'atteinte d'un style de vie plus sain, à savoir arrêter de fumer, perdre du poids si nécessaire et avoir un bon régime alimentaire (voir page 17). Vos pires ennemis sont les aliments gras ou frits, les mets épicés, certains légumes comme les oignons et les tomates, et parfois la caféine (thé, café, cola). Si vous sentez que ces aliments vous dérangent, éliminez-les et augmentez votre ingestion quotidienne de fibres. Ceci aide non seulement à soulager les symptômes de la dyspepsie non ulcéreuse, mais aussi vous protège de nombreuses autres conditions comme la crise cardiaque, la tension et le cancer de l'intestin. Les fruits, les légumes, les céréales du petit déjeuner et le pain complet sont généralement riches en fibres.

### Traitement médical

Il n'y a pas de panacée pour la dyspepsie non ulcéreuse. Certains médicaments sont efficaces, mais ils sont prescrits seulement lorsque les symptômes sont toujours intolérables après avoir suivi tous les conseils d'hygiène de vie donnés précédemment.

À la différence des problèmes d'acidité de l'ulcère peptique et du reflux gastro-œsophagien, la dyspepsie non ulcéreuse ne répond généralement pas à une médication antiacide. Les médicaments les plus efficaces sont ceux qui influent sur la vidange de l'estomac, comme la dompéridone et la métoclopramide (voir p. 48). On les appelle « procinétiques » et ils sont vendus seulement sur ordonnance. Les comprimés sont pris 30 minutes avant les repas; ils aident au passage des aliments dans l'estomac et réduisent les nausées et la tension dans la paroi stomacale. Comme le traitement se déroule sur plusieurs mois, il est important de connaître les effets secondaires possibles, à savoir les crampes abdominales et la diarrhée. Bien que généralement sans danger, ils entraînent parfois des effets secondaires plus graves, surtout la métoclopramide qui n'est pas donnée aux jeunes femmes et aux enfants parce qu'elle crée des spasmes musculaires dans le cou et le visage (cet effet secondaire est moins courant chez les hommes et les femmes plus âgées).

## Conclusion

La dyspepsie non ulcéreuse est très fréquente et relativement bénigne, bien qu'assez inconfortable. Les douleurs de la partie supérieure de l'abdomen et la nausée sont facilement contrôlées par des modifications d'hygiène de vie : réduire le stress, arrêter de fumer, perdre du poids et manger sain. La minorité de gens qui auront des symptômes graves malgré ces changements, auront besoin d'un traitement avec des médicaments procinétiques. Vous devez consulter votre médecin sans attendre si vous perdez du poids (ou en avez perdu sans le vouloir) ou si vous prenez un AINS.

## POINTS CLÉS

- La dyspepsie non ulcéreuse est l'une des causes la plus courantes d'indigestion et n'est jamais grave.

- Le traitement est basé sur la compréhension de la condition et le fait d'éviter les aliments qui la font empirer.

# Cancer de l'estomac

Le cancer de l'estomac, bien que moins courant que les autres causes d'indigestion, est une condition extrêmement grave qui doit avoir un diagnostic précoce pour que le traitement soit efficace. Il se développe en fait dans les cellules de la muqueuse gastrique, appelées cellules glandulaires. Non soigné, il va envahir tout l'estomac puis le foie, par le sang. Ce processus peut être très rapide, c'est pourquoi la condition est si difficile à traiter si elle constatée trop tard.

Outre une sensation de brûlure dans la partie supérieure de l'abdomen (symptôme similaire à celui de l'ulcère peptique), l'affection cause habituellement une perte d'appétit et une sensation de satiété après quelques bouchées, et une perte de poids s'ensuit fréquemment. La combinaison de ces symptômes doit toujours être prise très au sérieux et doit toujours être évaluée par un médecin.

## Qu'est-ce qui cause le cancer de l'estomac ?

La cause du cancer de l'estomac est toujours inconnue; il semble provenir de divers facteurs, dont certains d'ordre environnemental et, peut-être, de la génétique, mais cela n'est pas prouvé. Il a toujours été très fréquent en Asie du Sud-Est (Japon) et en Europe centrale, beaucoup plus que dans les autres régions du monde. Cela peut provenir, entre autres, de la différence d'alimentation. Les descendants des immigrants japonais en Occident semblent avoir la même incidence de cancer de l'estomac que les Occidentaux, ce qui favorise la thèse de l'influence de l'environnement sur celle de la génétique. Il est clair que l'infection à *Helicobacter pylori* joue un rôle central dans cette affection, mais rien ne laisse supposer que son éradication en diminue le risque. À l'heure actuelle, les autorités médicales au Royaume-Uni et aux États-Unis ne recommandent pas le traitement dans ce but; mais cela peut changer dans le futur. On constate cependant une régression nette du cancer de l'estomac en Occident sans pour autant en connaître la raison. Il touche habituellement les personnes d'âge moyen et avancé, et rarement les gens de moins de 40 ans.

## Comment est-il diagnostiqué ?

Le diagnostic est confirmé au moyen d'une endoscopie ou d'une radiographie au baryum. Le traitement sera efficace si la maladie est traitée à un stade précoce; toute personne qui souffre d'indigestion, qui a ce que les médecins appellent des symptômes « morbides » de perte d'appétit et de perte de poids, doit être examinée soigneusement, surtout si elle a plus de 40 ans. Un bilan de santé complet est souvent une bonne idée pour quelqu'un de cet âge, avec ou sans symptômes morbides.

## Y a-t-il un traitement ?

Le seul traitement curatif est l'ablation de l'estomac et du cancer. Elle est plus efficace quand la maladie en est à ses débuts, d'où le besoin d'un diagnostic précoce et l'importance de prendre au sérieux des symptômes de perte de poids et de satiété après avoir à peine mangé. Parfois, le chirurgien pourra laisser une partie de l'estomac en place; dans le cas contraire, la nourriture passera directement de l'œsophage à l'intestin grêle. Ceci signifie que la personne devra manger peu et souvent, et devra prendre des compléments alimentaires, car la digestion sera affaiblie.

Si le cancer est limité et que le chirurgien l'enlève entièrement, les chances d'une guérison à long terme sont très bonnes, mais malheureusement la maladie est souvent avancée au moment du diagnostic et la chirurgie est alors inadéquate. Il existe d'autres formes de traitement, tels que la chimiothérapie et le laser, si la chirurgie n'est pas possible ou ne réussit pas, mais elles ont peu de chances de résulter en une guérison. Ces traitements jouent néanmoins un rôle important dans le contrôle des symptômes inconfortables et peuvent considérablement prolonger la vie.

## Conclusion

Il est très important de faire un diagnostic précoce de la condition afin d'avoir les meilleures chances de traitement. La perte de poids, la perte d'appétit et de nouveaux symptômes chez une personne de plus de 40 ans doivent toujours être évalués par un médecin, car ils peuvent être les signes précurseurs d'un cancer de l'estomac. Lorsque la cause de la maladie sera mieux comprise, l'accent sera incontestablement placé sur la prévention, mais à l'heure actuelle, les efforts continuent d'être centrés sur l'amélioration des traitements non chirurgicaux, comme la chimiothérapie.

## POINTS CLÉS

- Le cancer de l'estomac est très rare avant 40 ans.

- De nouveaux symptômes après 40 ans ou des symptômes morbides comme la perte de poids et la perte d'appétit doivent toujours être communiqués à un médecin.

- Le cancer de l'estomac peut être diagnostiqué seulement grâce à des tests réalisés à l'hôpital.

# Rappel

Le but de ce petit livre est de vous aider à comprendre les causes de l'indigestion pour que vous puissiez, en toute confiance, décider de l'action la plus appropriée à entreprendre.

La question la plus importante à vous poser lors de la gestion de vos symptômes est : ai-je besoin de l'avis d'un expert pour écarter la possibilité d'une condition plus grave ? Tout au long de ce livre, nous avons essayé de vous indiquer les symptômes « morbides » qui requièrent un avis médical immédiat, à savoir :

- perte de poids;

- perte d'appétit;

- difficultés à avaler;

- vomissements de sang ou éléments qui ressemblent à du marc de café;

- sang modifié dans les selles – qui les font ressembler à du goudron;

- indigestion lors de la prise d'anti-inflammatoires.

Sans ces symptômes morbides, l'indigestion peut très bien être traitée chez soi par des modifications à l'hygiène de vie – perte de poids, arrêt de la cigarette et changement d'alimentation. Si ces mesures ne sont pas efficaces, l'étape suivante est d'essayer les anti-acides. La meilleure source de conseils sur les antiacides est votre pharmacien, qui connaît parfaitement les causes et le traitement de l'indigestion. Si ces mesures simples soulagent les symptômes, nul besoin d'aller consulter votre médecin; par contre, si rien n'a changé après deux semaines de traitement ou si vous avez plus de 40 ans et développez des symptômes pour la pre-mière fois, il est vivement conseillé d'aller le consulter.

# Index

# Vos pages

Nous avons inclus les pages ci-après en vue de vous aider à gérer votre maladie et son traitement.

Avant de fixer un rendez-vous avec votre médecin de famille, il serait utile de dresser une courte liste des questions que vous voulez poser et des choses que vous ne comprenez pas afin de ne rien oublier.

Certaines des sections peuvent ne pas s'appliquer à votre cas.

**Soins de santé : personnes-ressources**

Nom :

Titre :

Travail :


Tél. :


Nom :

Titre :

Travail :


Tél. :


Nom :

Titre :

Travail :


Tél. :


Nom :

Titre :

Travail :


Tél. :

## Antécédents importants – maladies/ opérations/recherches/traitements

| Événement | Mois | Année | Âge (alors) |
|---|---|---|---|
| | | | |
| | | | |
| | | | |
| | | | |
| | | | |
| | | | |
| | | | |
| | | | |
| | | | |
| | | | |
| | | | |
| | | | |
| | | | |
| | | | |
| | | | |
| | | | |
| | | | |
| | | | |
| | | | |

**Rendez-vous pour soins de santé**

Nom :
_____
Endroit :
_____
Date :
_____
Heure :
_____
Tél. :
_____

Nom :
_____
Endroit :
_____
Date :
_____
Heure :
_____
Tél. :
_____

Nom :
_____
Endroit :
_____
Date :
_____
Heure :
_____
Tél. :
_____

Nom :
_____
Endroit :
_____
Date :
_____
Heure :
_____
Tél. :
_____

**Rendez-vous pour soins de santé**

Nom :

Endroit :

Date :

Heure :

Tél. :


Nom :

Endroit :

Date :

Heure :

Tél. :


Nom :

Endroit :

Date :

Heure :

Tél. :


Nom :

Endroit :

Date :

Heure :

Tél. :

**Médicament(s) actuellement prescrit(s)
par votre médecin**

Nom du médicament :

Raison :

Dose et fréquence :

Début de l'ordonnance :

Fin de l'ordonnance :


Nom du médicament :

Raison :

Dose et fréquence :

Début de l'ordonnance :

Fin de l'ordonnance :


Nom du médicament :

Raison :

Dose et fréquence :

Début de l'ordonnance :

Fin de l'ordonnance :


Nom du médicament :

Raison :

Dose et fréquence :

Début de l'ordonnance :

Fin de l'ordonnance :

**Autres médicaments/suppléments que vous prenez sans une ordonnance de votre médecin**

Nom du médicament/traitement :

Raison :

Dose et fréquence :

Début de la prise :

Fin de la prise :


Nom du médicament/traitement :

Raison :

Dose et fréquence :

Début de la prise :

Fin de la prise :


Nom du médicament/traitement :

Raison :

Dose et fréquence :

Début de la prise :

Fin de la prise :


Nom du médicament/traitement :

Raison :

Dose et fréquence :

Début de la prise :

Fin de la prise :

**Questions à poser lors des prochains rendez-vous**
(Note : N'oubliez pas que le temps que peut vous consacrer votre médecin est limité. Il est donc préférable d'éviter les longues listes de questions.)

## Questions à poser lors des prochains rendez-vous

(Note : N'oubliez pas que le temps que peut vous consacrer votre médecin est limité. Il est donc préférable d'éviter les longues listes de questions.)

**Notes**